Adolph von Knigge

Geschichte Peter Clausens

Adolph von Knigge
Geschichte Peter Clausens
ISBN/EAN: 9783743652507
Hergestellt in Europa, USA, Kanada, Australien, Japan
Cover: Foto ©ninafisch / pixelio.de

Weitere Bücher finden Sie auf **www.hansebooks.com**

An die Leser.

Um Misverständnissen vorzubeugen, die zuweilen aus meinen Schriften und andern dieser Art geschöpft werden, muß ich Sie, meine Leser! daran erinnern, daß ich keinen persönlichen Antheil an denjenigen Sätzen nehme, daß es also nicht meine Grundsätze sind, welche die Personen in meinen Romanen vortragen. Es sollte sich das billig von selber verstehn; Man läſſt in Schauspielen und Romanen die Personen nach ihrem Character reden, und von den Dingen so urtheilen — nicht wie man sie selbst würde beurtheilt haben, sondern wie man glaubt, daß jene, nach dem Character, den man ihnen gegeben hat, darüber raisonnieren müſſten. Das hat dann den Nutzen, daß man dem Leser Gelegenheit giebt, einen Gegenstand aus verschiednen Gesichtspuncten anzusehn und zu bemerken, wie nicht alle Menschen über diese oder jene Sache einerley Meinung sind. Ich sage, das sollte Jeder von selber verstehn; Aber aus Bosheit oder Unverstand sieht das nicht Jeder, will das nicht Jeder sehn, und noch kürzlich habe ich erfahren, daß jemand einem Schriftsteller hat einen Proceß anhängen wollen, weil Derselbe für den Verfasser eines Buchs gehalten wurde, in welchem eine erdichtete Person etwas sagte, das der würdige Herr auf sich und seines Gleichen zog. Das ist in der That erbärmlich! Ich bitte Sie gehorsamst, machen Sie es nicht also mit mir, besonders was den Inhalt des Manuscripts des Herrn Brick's betrifft — Es ist ein Traum, und nichts weiter; und Herr Brick träumt, nicht ich.

Inhalt des zweyten Theils.

Erstes Capitel. Woher die Irrung entstanden ist, welche dem armen Peter das neue Abentheuer zugezogen hat. Seite 1

Zweytes Capitel. Peter Claus hat das unvermuthete Glück, in den Stand der heiligen Ehe zu gerathen. S. 9

Drittes Capitel. Seereise. Er erinnert sich seines Manuscripts, findet es in der Rocktasche, erbricht es, und fängt an zu lesen. S. 20

Viertes Capitel. Anfang des Manuscripts. Sturm auf der See. Sie werden nach Dännemark verschlagen. S. 26

Fünftes Capitel. Erneuerte alte Bekanntschaft. Entdeckung durch dieselbe. Fortsetzung des Manuscripts. S. 45

Sechstes Capitel. Er schreibt an Neyerberg. Ein kleines Abentheuer. Abreise nach Holland. S. 69

Siebentes Capitel. Auf der Reise wird das Manuscript wieder hervorgesucht. S. 86

Achtes Capitel. Fortsetzung des Manuscripts. Ankunft in Amsterdam. S. 121

Neuntes Capitel. Aufenthalt in Amsterdam. Unerwartete Zusammenkunft. Bekanntschaften im Gasthofe. S. 156

Zehntes Capitel. Abreise von Amsterdam. Rest des Manuscripts. Rückkunft nach Hamburg. S. 184

Eilftes Capitel. Was unterdessen dem armen Ludwig von Reyerberg wiederfahren ist. Signor Clozetti läßt sich in einigen Städten Teutschlands hören. Was ihm dort begegnet, bis er Secretair wird. S. 201

Zwölftes Capitel. Der Secretair Clozetti reiset mit seinem Herrn Gesandten; sieht die teutschen Höfe, und kömmt an einem derselben zu hohen Ehren. S. 211

Dreyzehntes Capitel. Signor Clozetti macht herrliche Fortschritte im bürgerlichen Leben, wird mit einem Adelsbrief versehn, und dirigirt die Finanzen. S. 227

Erstes Kapitel.

Woher die Irrung entstanden ist, welche dem armen Peter das neue Abentheuer zugezogen hat.

Die Leser des ersten Theils meiner Geschichte (Ich hoffe ihr Name heißt Legio) werden so gnädig seyn, Sich zu erinnern, daß ich Ihnen am Ende des funfzehnten Capitels ein gräßliches Abentheuer erzählt habe, das mir begegnete, als ich den 27sten August 1776, Morgens 3 Uhr, von dem Todtenbette des Herrn Brick weg, mit meinem versiegelten wichtigen Manuscripte in der Tasche, zu Reyerberg eilte. Ich zweifle nicht, Ihr gutes Herz wird indeß meinetwegen in Sorgen gewesen seyn; ja! Sie werden für mich gezittert haben, und Sich nicht eher beruhigen können, bis Sie erfahren werden, was wohl die Männer, welche mich mit Gewalt in die Kutsche schleppten, mit mir angefangen haben. Wenigstens müßte ich ein elender Schriftsteller seyn, wenn ich mich nicht mit der Hofnung schmeichelte, mein Buch habe bey Ihnen großes, warmes Interesse für meine Person erweckt. In dieser Zuversicht fange ich auch gleich wieder frisch die Fortsetzung meiner Geschichte an, ohne eine bescheidne Vorrede vorauszuschicken, und darinn um Verzeyhung zu bitten, daß der vorige Theil nicht besser gerathen ist. So etwas ist mir in den Tod zuwieder, und ich pflege ein Buch, worinn ich dergleichen finde, wegzuwerfen, ohne weiter zu lesen. Denn ich denke, wenn der Verfasser mit solchen erzdummen Erklärungen sein Werk in die Welt schickt; so sieht man es, er hat nicht einmal die einzige Entschuldigung vor sich, daß wenigstens Er es für gut hielt. Diesemnach erkläre ich feyerlich, daß ich die Geschichte Peter Clausens als ein sehr lehrreiches und angenehmes Buch, als ein classisches Werk empfehle, hoffe und wünsche, Sie sämtlich, meine werthesten Damen und Herrn! werden eben so davon denken, und einer Fortsetzung begierig entgegensehn, wes=

wegen ich dann nunmehr zur Sache eilen will.

Zu besserer Entwickelung und Erläuterung der Begebenheit, welche mich so plötzlich traf, muß ich aber mit meiner Erzählung wieder um ein Paar Schritte zurückgehn.

Als ich Abends den 26sten August zu dem Herrn Brick gehn wollte, um die Nacht bey seinem Bette zuzubringen, trat ich vorher in einen nahegelegnen Gasthof, und ließ mir daselbst ein Butterbrod und eine Flasche Wein geben, um mehr Kräfte zum Wachen zu haben. Es war ausser mir niemand im Tafelzimmer als ein Mann, ungefehr von meinen Jahren, das heißt etwa 36 bis 37 Jahre alt. Wie ich nun immer sehr gesellig gewesen bin; so war ich dann auch hier gleich bereit, ein Gespräch anzufangen. Er sah ganz rechtlich aus, trug ein gelblich seidnes Kleid, mit gestickten silbernen Knöpfen, eine Weste von Silberstoff, einen hübschen großen Castorhut, große Schnallen, die auch auf Kutschpferdegeschirre ihren Platz erfüllt haben würden — Mit Einem Worte, er war ein Mann, vor dem

Jeder den Hut abgezogen haben würde, der nicht Chapeaux bas gegangen wäre. Ich fieng vom Wetter, von Krieg und Frieden, vom Schauspiele, vom Hauptpastor Götz, von Toleranz, und von manchen andern gemeinen Dingen ein Gespräch mit ihm an, aber seine Antworten waren kurz, zerstreuet, und er spatzierte dabey mit großen Schritten im Zimmer auf und ab, rang die Hände, und schien von einer großen Gemüthsunruhe gequält, welche er vor mir zu verbergen suchte. Es mogte etwa eine halbe Stunde also vorübergegangen seyn, als der Hausknecht hereintrat, diesem Herrn ganz in der Stille ein Billet zusteckte, und dann wieder fortgieng. Kaum hatte es der Fremde gelesen, als sich seine Unruhe sichtbar vermehrte. Er schlug sich mit der dicken Faust vor die Stirne, kehrte oft schnell auf seinem Wege um, näherte sich der Thür, kehrte wieder um, gieng auf mich zu, entfernte sich wieder — Mir gieng das durch die Seele —

Ich bin würklich von je her ein guter, mitleidiger Narr gewesen, und wenn ich besonders meine Neugier, eine sonderbare Begebenheit zu erfahren, zugleich mit dem

Triebe, einem Leidenden zu dienen, vereinigen konnte; war ich gern bereit, mich dem Unglücklichen aufzudringen. Ich stand daher vom Stuhle auf, gieng auf den Fremden zu, ergriff ihn bey der Hand, und sagte: „Mein Herr! Sie scheinen in Verlegenheit „zu seyn. Kann ich Ihnen helfen; so „eröfnen Sie Sich mir, ohne Scheu! Ich „bin nicht unempfindlich bey dem Elende „Anderer, und diene gern, wo ich kann." Er blieb plötzlich stehn, sah mir starr in die Augen, vielleicht um in meinen Blicken zu lesen, ob ich es redlich meinte — Dann schwieg er eine Zeitlang — Endlich fieng er an: „Ja wohl bin ich in Verlegenheit, „und das in sehr großer; Helfen können Sie „mir auch, aber ich wage es nicht, Sie „um eine kleine Gefälligkeit zu bitten, da „ich Ihnen ganz fremd bin, obgleich diese „Gefälligkeit Sie weder Mühe noch Geld „kosten würde." — „Und wenn das auch!" fiel ich ihm in die Rede: „Nur heraus „damit!" — Er fuhr fort: „Meine Ge= „schichte ist zu weitläuftig, zu verwickelt. „Auch bin ich jetzt nicht in der Gemüths= „verfassung, sie Ihnen zu erzählen. Nur „so viel: Ich werde ohne meine Schuld

„verfolgt; Man lauert mir auf; Ich habe
„keinen Freund, keinen Bekannten hier, und
„muß eilig Hamburg verlassen, wenn ich
„nicht meinen Feinden in die Hände fallen
„will, wovor mich eben dieser Brief ohne
„Namen warnet. Es ist noch hell auf der
„Gasse; Man wird mich an meiner Klei-
„dung kennen — Wenn Sie aber mit
„mir die Kleider vertauschen wollten" —
„Mein Herr!" sagte ich bedächtlich, indem
mir der Conte di Tondini und das
Wäldchen bey Wolfenbüttel einfielen: „Mein
„Herr! das ist eine verteufelt kitzlichte
„Sache" — „Wie so? bester Mann:"
rief er dringend: „Wenn jemand käme, und
„Sie anredete — Man wird Ihrer Person
„kein Leid zufügen; Ich habe kein Ver-
„brechen begangen — Dann wird sichs
„gleich ausweisen, daß Sie der rechte Mann
„nicht sind. Zudem können Sie ja, bis es
„dunkel wird, hier verweilen, und ich
„schleiche mich indeß in Ihrem braunen Rocke
„und grauen Ueberrocke zum Hause hinaus,
„auf ein Schiff, dessen Besitzer mich schon
„verbergen wird, bis ich morgen ganz frühe
„die Stadt verlassen kann, um nach Holland
„zu reisen. An der Kleidung haben Sie

„keinen Verlust — Edler Menschenfreund!
„(denn dafür sehe ich Sie an); Helfen Sie
„einem Unglücklichen, der Ihnen ewig dank-
„bar seyn wird!" — Was soll man machen?
„Ey nun!" dachte ich, „was ist es dann
„auch weiter? Ich bleibe bis gegen zehn
„Uhr hier, gehe dann getrost die wenigen
„Schritte zu Brick, und lasse mir dahin
„morgen andre Kleider bringen."

Gedacht, gethan! Wir wechselten die
Kleider. Er umarmte mich mit den Ausdrücken der wärmsten Dankbarkeit, hüllte sich
ein, drückte meinen runden Hut tief in die
Augen, und schlich davon.

„Das war wieder ein dummer Streich,
„Peter Claus!" rief ich, als er fort war:
„Wer weiß, wie das Ding zusammen-
„hängt! — Doch was thut es? — Noch
„eine Flasche Wein, Friedrich! — Der Rock
„sitzt, hol' mich der Henker! als wenn er
„mir an den Leib gemessen wäre." — Das
Abentheuer fieng an, mir zu gefallen. Ich
gieng sorgenlos im Zimmer auf und ab, setzte
den schönen Castorhut auf — Es traten zwey
Fremde herein, sahen mich von der Seite an,

und entfernten sich wieder — Vermuthlich waren es dieselben, welche mich nachher spazieren fahren liessen (obgleich nicht acht Jahre lang, wie einst der Herzog von Curland seinen Feind durch das ganze rusſiſche Reich fahren ließ).

Nach zehn Uhr verfügte ich mich zu dem kranken Brick, und als Dieser seinen Geist aufgegeben hatte, war ich würklich zu sehr mit andern Empfindungen erfüllt, als daß ich hatte an meinen Rock denken sollen. Man hatte mich wahrscheinlich die ganze Nacht durch bewacht, und als ich aus dem Hause trat, fiel ich auch gleich den Feinden des Mannes, dessen Kleider ich trug, in die Hände.

Zweytes Capitel.

Peter Claus hatte das nnerwartete Glück in den Stand der heiligen Ehe zu gerathen.

Man wird sich leicht vorstellen, daß ich nicht so gutwillig in den Wagen gestiegen seyn, sondern mich mächtig gesperrt haben würde, wenn ich irgend hätte vermuthen können, daß mir das etwas helfen mögte. Allein, sobald meine erste Ueberraschung vorbey war, und ich mich nun zur Wehre setzen wollte, hielt mir der eine meiner Führer seinen Degen auf die Brust, und drohete mir, mich augenblicklich zu erstechen, wenn ich einen Finger zu meiner Vertheydigung rühren, oder einen Laut von mir geben würde. Was war also zu thun? Es schlief noch jedermann in der Nachbarschaft; die Gasse war ohnehin abgelegen — — „Und „dann, was ist es auch mehr?" dachte ich: „Man wird bald den Irrthum einsehn. Sie „werden ja den Mann kennen, den sie suchen,

„und wenn Diese auch fremde Personen sind;
„so kostet es mich doch nur eine Erklärung,
„wie ich zu den fremden Kleidern gekommen
„bin, um wieder befreyet zu werden." Doch
nahm ich mir vor, das Letztere nicht eher zu
thun, als bis die Noth am größten wäre,
damit der arme Mensch, welcher mich so
flehendlich um meinem Schutz gebeten hatte,
unterdessen Zeit gewönne, sobald die Thore
geöfnet seyn würden, aus der Stadt zu
kommen.

Als wir in der Kutsche saßen, fuhr der
Kutscher fort. Ich fieng nun an, meine
Entführer genauer zu beobachten. Der Eine
schien ein holländischer Officier, der Andre
ein Kaufmann zu seyn. „Mein Herr!"
sagte Dieser: „Sie hofften wohl nicht, daß
„die Familie, welche Sie beschimpft und
„entehrt haben, Ihnen aus Liefland her
„nachspüren, und hier in Hamburg Freunde
„finden würde, welche sich dieser Sache
„annähmen, als wenn es ihre eigne wäre?
„Ist es erlaubt, ein unschuldiges Mädchen
„aus einem der angesehensten und reichsten
„Häuser zu verführen, unglücklich zu machen,
„dann wie ein Dieb in der Nacht davon-

„zugehn, und das entehrte Frauenzimmer
„bey einem trostlosen, kranken Vater zurück=
„zulassen?" „Mein Herr! antwortete ich:
„Sehen Sie mich doch an! Halten Sie
„mich einer solchen Schandthat fähig? Hätte
„ich vermuthen können, daß Sie einen
„solchen Menschen suchten, nimmermehr hätte
„ich diese Kleider" — „Hier hilft kein Ge=
„schwätz," fiel mir der Officier in die Rede:
„Können Sie die That leugnen?" „Frey=
„lich kann ich das," erwiederte ich: „Ich
„bin gar nicht der Mann, dem Sie nach=
„stellen" — „Unverschämtheit ohne Bey=
„spiel!" rief hier der Kaufmann: „Glauben
„Sie, daß, weil wir Ihnen fremde Ge=
„sichter sind, wir Sie deswegen nicht ken=
„nen? Man hat Sie uns zu genau beschrie=
„ben, und wir haben Ihnen seit einigen
„Tagen zu sorgfältig nachgespürt, um uns
„in der Person irren zu können. Waren
„Sie nicht gestern Abend im Gasthofe, in
„eben dieser Kleidung? Haben wir Sie nicht
„mit unsern eignen Augen dort gesehen?
„Haben Sie nicht die Nacht in einem Eck=
„hause, welches einem Seifensieder gehört,
„zugebracht? Leugnen Sie das, wenn Sie
„können! — Doch was bedarf ich so vieler

„Worte? Bald werden Sie eine dritte Per=
„son sehn, gegen welche Sie, wenn noch
„ein Funken von Ehre in Ihrem Herzen ist,
„schwerlich die Frechheit haben werden, die
„Augen aufzuschlagen."

Und nun hielt die Kutsche vor einem wohlgebaueten Hause still. Wir stiegen aus; Man ließ mich in das erste Stockwerk hin= aufsteigen, und wir traten sodann in eine Art von Vorzimmer, in welchem ein Mann im pfirschblüthfarbenen Rocke uns bewill= kommte. „Freude, Freude! Glücklich gefan=
„gen!" rief der Officier: „Nun wird, hoffe
„ich, alles gutgehn. Aber was macht die
„arme Demoiselle, lieber Herr Doctor?"
„Sie ist der Stunde ihrer Entbindung nahe," antwortete der Aesculap: „aber sie ist äu=
„serst schwach. Gott weiß, ob sie es über=
„lebt! Wenn nicht das Vergnügen, ihre
„Ehre auf diese Art gerettet zu sehn, ihr
„neue Kräfte giebt; so ist mir bange. Sie
„hat die ganze Nacht durch phantasiert."
„Sehen Sie," sprach hier der Kaufmann zu mir: „Sehen Sie, Unbesonnener! das ist
„Ihr Werk! Herr Doctor! Ist denn ein
„Geistlicher bestellt?" Ja!" antwortete

derselbe: „Er ist würklich bey der Kranken
„und redet ihr Trost zu." —

Ich stand wie versteinert da — Der
Arzt rieth, man solle, um die Gebährende
nicht auf einmal zu sehr zu erschrecken, erst
leise den Herrn Pastor herausrufen, und
durch denselben das Frauenzimmer benach-
richtigen lassen, daß man ihren Liebhaber
hierhergeführt habe — Das geschahe; Ich
spielte eine elende Rolle dabey —

„Herr Magister!" sagte der Kaufmann
als Sr. Ehrwürden erschienen: „Lesen Sie
„diese Papiere! Hier ist eine Einwilligung
„von dem Vater des Frauenzimmers, die
„uns bevollmächtigt, seine Tochter, sobald
„wir sie finden würden, dem jungen Manne,
„dem sie nachgereiset war, antrauen zu las-
„sen; Und hier ist die Vollmacht von dem
„Vater des Verführers, aus Holland, die
„uns berechtigt, im Fall er sich weigern
„würde, durch priesterliche Einsegnung die
„Schande, welche er der Meinhardtschen
„Familie zugefügt, auszulöschen, ihn sogleich
„nach Ostindien zu schicken." (Er gab ihm

zwey Schriften) „Es kömmt nur jetzt darauf „an, Herr Magister! daß Sie die Unglück„liche auf gute Art zu dem Schritte vor„bereiten. Uebrigens haben Sie doch kein „Bedenken, die Trauung vorzunehmen?" „Im mindesten nicht," erwiederte der geistliche Herr: „und wie wird sich das arme „Kind freuen! Aber Sie, ruchloser Mann!" (Er wendete sich zu mir) „Greifen Sie in „Ihr strafbares Gewissen! Das Maaß Ihrer „Sünden ist voll. Wäre es Wunder, wenn „der Allerhöchste dies unzüchtige Herz nicht „wieder zu Gnaden annähme; wenn er über „Sie den Fluch verhängte, den er über „Sodom und Gomorra und über die Rotte „Coran, Datan und Abiram ergehn ließ? „Doch, ich überlasse alles seiner unendlichen „Barmherzigkeit, welcher Sie Sich jetzt „in die Arme werfen müssen, und eile zu „der unglücklichen verführten Kreuzträgerinn „zurück."

Er gieng' in das Zimmer; Jetzt konnte ich nicht länger schweigen. „Ich bitte „Sie um Gottes willen, meine Herrn!" rief ich: „Hören Sie mich! Ich bin nicht

„der Mann, den Sie suchen." — „Still! „guter Freund!" fuhr mich der Officier an: „Nicht raisonnirt! Nach Ostindien, oder getrauet!" „Nun, wenn es dann seyn „muß," sagte ich: „Aber Sie werden sehn, „was das Frauenzimmer dazu sagen wird, „wenn man sie mit einem Fremden, den sie „gar nicht kennt, einsegnen will." — Und damit schwieg ich —

Der Pastor hatte indeß seinen Auftrag vollzogen, und nun öfnete er die Thür des Zimmers. Die Vorhänge des Bettes, darinn meine schwangre Braut lag, waren halb; und die Fenstergardinen gänzlich zugezogen; doch war es noch hell genug, daß sie mich hätte erkennen können, wenn sie nicht, wie ich fest überzeugt bin, phantasiert hätte. Denn ihre Nerven waren hoch gespannt: „Ungetreuer! rief sie mir entgegen: „Konntest Du mich verlassen? Doch „nein! Du warst mir nie untreu. Die „Furcht, daß unsre Eltern nicht in unsre „Verbindung einwilligen würden, bewog „Dich zur Flucht. O Carl! welchen Kum„mer hast Du aber Deiner Julie gemacht! „Komm zurück in ihre Arme!" Nun fieng sie an ohne Zusammenhang zu reden. „Sie erschöpfen Ihre Lebensgeister," unterbrach sie der Arzt: „und bedürfen noch „dieser Kräfte zu größerer Anstrengung. „Lassen Sie uns den Trauungs-Actus vor„nehmen!"

„Nun, mein Herr van Haftendonk!" sagte hierauf der Kaufmann spöttisch zu mir: „Irrt sich dies Frauenzimmer auch in „der Person? Wollen Sie Sich itzt trauen „lassen, oder lieber eine Lustreise nach „Indien machen?" „Ich verstumme bey„nahe," war meine Antwort. „Nie hat ein „Mensch sich in so viel verwickelten Lagen „befunden wie ich, seit meiner zartesten „Jugend. Aus jeder derselben hat mich „das Schicksal glücklich geführt; Es wird „mich auch hier nicht stecken lassen. Machen „Sie mit mir, was Sie wollen! Ich bin „in Ihrer Gewalt. Aber wenn es Sie je „reuet, wozu Sie mich heute zwingen; so „denken Sie, daß ich alles angewendet habe, „Ihnen die Augen zu öfnen."

Und nun gieng ich getrost an das Werk, und ließ mich frischweg als Herr Carl van Haften-

Haftendonk mit der Demoiselle Julie Meinhardt trauen.

Wer von meinen Freunden mich hier erblickt hätte, in einem geborgten Rocke, einer der Geburtsstunde nahen Person im Bette, einer Person, die ich nie in meinem Leben gesehen hatte, als Ehemann die Hand geben, und ohne mein Zuthun zugleich Gatte und Vater werden, der hätte wahrlich nicht gewußt, ob er das Ding hätte tragisch oder comisch finden sollen. Es war ein so possierlich betrübter Anblick — Man hätte vor Lachen — weinen mögen.

Kaum war die Cäremonie vorbey, als meine Frau Gemahlinn anfieng, ganz erschrecklich zu phantasieren. Zugleich kamen die heftigen Geburtsschmerzen. Mein Stiefkind war im Begriff zu erscheinen, aber man erlaubte mir nicht, diesen zarten Sprößling, die neue Frucht meiner viertelstündigen Ehe zu sehn, sondern führte mich wieder in das Vorzimmer.

Hier redete der Officier viel freundlicher wie vorher mit mir: „Mein Herr!"

sagte er, „die beyden Familien sind itzt „befriedigt, und ich hoffe, Sie werden „inskünftige die Ehre derselben als die „Ihrige ansehn. Jetzt müssen Sie sogleich „mit mir nach Holland zu Ihrem Herrn „Vater. Ihre Frau Gemahlinn ist dazu „vorbereitet und wird uns, sobald sie her: „gestellt ist, folgen. Indessen will Ihr „Herr Vater Ihnen einen Plan zu künf: „tiger Versorgung vorlegen. Kehren Sie „reuevoll zu ihm zurück; so verzeyhet er „Ihnen gewiß."

Nun versuchte ich nochmals, zu bitten: man mögte mir wenigstens erlauben, erst meine Sachen einzupacken; eigentlich aber war meine Absicht, meine Freunde um Rath und Hülfe anzusprechen — Allein alles vergebens — „Ich habe mehr Geld, wie „Sie brauchen, von Ihrem Herrn Vater „bekommen," sagte der Officier. „An „Kleidern und Wäsche soll es Ihnen auch „nicht fehlen. Also hält uns nichts auf."— „So sey es dann! Es geht bunt in der „Welt her," erwiederte ich, in einem halb lustigen, halb verzweifelnden Tone — „Es „wird sich alles zu seiner Zeit aufklären;

„Kommen Sie! — Es ist unvernünftig zu
„bellen, wenn man an der Kette liegt."

Wir giengen fort, bestiegen ein Schiff, und fuhren gegen neun Uhr des Morgens nach Holland zu.

Drittes Capitel.

Seereise. Er erinnert sich seines Manuscripts, findet es in der Tasche, erbricht es, und fängt an zu lesen.

Der Officier, dessen Gefangner ich itzt zu seyn die Ehre hatte, war im Grunde ein herzlich guter Mann, ein bischen rauh von Sitten, wie es zuweilen dieser Stand mit sich bringt, aber übrigens dienstfertig, von hellem, graden Kopfe, gesellig, fröhlich und menschenliebend, ohne es scheinen zu wollen. Viel gelesen schien er nicht zu haben, aber ich denke, man kann auch ein sehr kluger Mann seyn, und selbst denken, ohne zu wissen, was andre Leute gedacht haben. Ich hörte ihn nie von einem Buche reden, ausser von einem Paar Reisebeschreibungen, womit er dann jedesmal aufgezogen kam, so oft von Literatur die Rede war. Er sagte sein unmaaßgebliches Urtheil darüber, und ich bekenne es, meiner geringfügigen Schätzung nach, oft sehr richtig. So glaubte er, zum Beyspiel, daß Sherlock, gegen die Gewohnheit seiner Nation, ein niedriger Schmeichler wäre, der alle diejenigen Häuser und Personen lobte, wo er frey gefressen hätte, und jedem Fürsten, der ihm freundlich begegnet sey, ein ausschweifendes Compliment an den Hals würfe. Von Moor's sittenschildernder Reisebeschreibung behauptete er, daß sie, ausser den unbedeutenden, oft gänzlich falschen, zum Theil sehr giftigen, in Wirthshäusern und Weibergesellschaften aufgesammleten Annecdoten, eine Menge Geschwätz enthalte, das weder philosophischen Beobachtungsgeist, noch seine Kenntnisse verrathe. Er meinte, dieser dicke Mentor hätte lieber das Bücherschreiben unterlassen sollen. „Da lobe ich mir," rief er aus, „meinen herrlichen Brydon — das „ist ein Mann!"

Unsre übrige Schiffsgesellschaft war sehr vermischt. Ein junger Arzt, der in Leiden seine Studien fortsetzen sollte, und unterwegens den ganzen Tag hindurch Verse machte; Eine Sängerinn, die in Holland auf irgend eine privilegirte Art Geld verdienen wollte; Ein reformirter Candidat des Predigtamts, der vom Morgen bis in die Nacht Tabac rauchte, und von Politic sprach; Ein Paar junge Kaufleute, unerträgliche, unbescheidene Laffen, aus teutschen Reichsstädten gebürtig, eingebildet von ihren Personen, so wie von ihrer Eltern Geldsäcken; Ein protestantischer Geistlicher aus Teutschland, der nach Holland reiste, um mitleidige, ehrgeizige, fromme und dumme Seelen zu beschwatzen, daß sie ihm ihre Kasten eröfneten, damit man ihm in seinem elenden Dörfchen ein Haus bauen könnte, in welchem er ungestraft Unsinn lehren dürfte, nachdem er die Hälfte des erbettelten Geldes auf der Reise verzehrt hätte — und viel andre Menschen mehr. Wir lebten indessen ganz freundschaftlich zusammen und hatten am ersten Tage, den wir zubrachten, Bekanntschaft unter einander zu machen, herrliches Wetter.

Es war die erste Seereise, welche ich machte, und ich nahm mir vor, alle unangenehme Ideen zu entfernen, und das Vergnügen, welches mir diese neue Scene gewähren würde, ganz rein zu schmecken.

Es fiel mir gar nicht ein, jetzt weiter in meinen Officier zu dringen, um ihn zu überführen, daß ich nicht myn Heer van Haftendonk sey. „Warum sollte ich mir „nicht," dachte ich bey mir selbst, „diesen „Irthum zu Nutz machen, um bey der Ge= „legenheit ohne Unkosten Holland zu sehn? „Wenn ich an Ort und Stelle komme; wird „der alte Herr schon gewahrwerden, daß „ich sein Sohn nicht bin, und mir, nebst „tausend Entschuldigungen und einer freyen „Rückreise, noch ein Geschenk machen. „Dann trete ich dem rechten Besitzer die „Frau ab, und habe, wie es bey großen „Herrn üblich ist, nur als Gesandter mich „trauen lassen." Diese Ueberlegungen mach= ten mir frohen Muth, wozu noch die Ver= muthung kam, daß wohl der junge Haften= donk früher wie wir in Amsterdam ankom= men würde, denn er war, aller Vermuthung nach, viel eher ausgefahren; Auch sahen wir in der That mit unsern Fernrohren ein Schiff weit vor uns her und geschwinder wie das unsrige seegeln.

Indeß ich den ersten Tag mir also mein System gemacht hatte, stieg ich ruhig in meine Hangematte, und schlief bis an den Morgen. Die Sonne war von Wolken verdunkelt, als ich aufstand; Der Wind blies stark, und war uns durchaus entgegen; Wir kamen gar nicht weiter. Die ganze Gesellschaft war verdrießlich, kränklich — Es war ein trüber, unangenehmer Tag —

„Wenn ich nur wenigstens ein Buch „hätte! Die Menschen da unten machen mir „Langeweile; Ich mögte lieber lesen." — „Lesen?" antwortete ich mir selbst: „Was „hindert mich, zu lesen? Habe ich nicht „das kostbare Manuscript, das theure Unter-„pfand des sterbenden Bricks in meiner „Tasche?" Bemerken Sie wohl, ich hatte, als ich die Kleider wechselte, wie sichs ver-steht, nicht vergessen, meine Taschen aus-zuräumen; aber die Verwirrung, in der ich mich nachher befunden, hatte mich mein Manuscript gänzlich vergessen gemacht; Es war noch unerbrochen in dem versiegelten Umschlage.

„Goldnes Manuscript! Welche neue „Dinge wirst Du mich lehren!" — Ich hatte kaum so viel Geduld, das Siegel zu lösen, und als es offen da lag, verschlang ich es fast, zitterte aus freudigem Verlangen, und fieng an ämsig zu lesen, was im folgenden Capitel steht.

Viertes Capitel.

Anfang des Manuscripts. Sturm auf der See. Sie werden nach Dännemark verschlagen.

„Erzählung derjenigen Begebenhei=
„ten, welche mir, Christoph
„Heinrich Brick seit meiner Ab=
„reise aus Braunschweig begegnet
„sind."

„Ich will die wenigen Augenblicke, welche „ich vielleicht noch zu leben habe, zum „Besten meiner lieben Freunde, welche mich „in meiner Krankheit so treulich verpflegt „haben, anwenden, indem ich Euch eine „höchstwichtige Nachricht melden will, welche, „wenn Ihr sie in gute Hände liefert, Euch „und ganz Europa beträchtliche Vortheile „bringen kann. Es ist dies nämlich die „Beschreibung einiger, durch sonderbare

„Zufälle, von mir ganz allein entdeckten,
„unbekannten Länder, unter dem Südpol.
„Kein Europäer auſſer mir weiß die Lage,
„noch den Weg dahin. Am Ende dieser
„Handschrift aber werdet Ihr beydes auf das
„genaueste bezeichnet finden. Wenn Ihr
„irgend einer Seemacht diese Entdeckungen
„mittheilet; so laſſet Euch gut dafür bezah=
„len! Versichert Euch der Bedingungen vorher,
„ehe Ihr die Reise antretet, denn Ihr wißt,
„daß die großen Herrn oft treulos und eids=
„brüchig handeln, und daß selbst die englische
„Nation zuweilen unedel mit Denen umgeht,
„die sie durch große Versprechungen angelockt
„hat, ihr Kräfte und Gesundheit zu widmen,
„um in fremden, wilden Gegenden, Leben,
„Gut und Blut zum Besten der Nation daran=
„zuwagen. Höret nun meine Erzählung!‟

Es sind, wie Ihr wißt, ungefehr vier=
„zehn Jahre, nämlich in der Mitte von
„1766, als der edle Neyerberg in Braun=
„schweig im goldenen Engel * mein nieder=
„geschlagenes Herz mit Trost erfüllte, und
„dadurch daß er mich einem Schauspiel=

---

* Erster Theil, Seite 63 bis 73.

„director empfahl, mir Mittel verschaffte,
„einen ehrlichen Unterhalt zu haben. Ich
„blieb eine Zeitlang bey dieser Gesellschaft,
„bis ich Gelegenheit fand, von dem Herrn
„Abt, welcher in Holland eine Gesellschaft
„führte, einen Ruf zu erhalten. Ich gieng
„hin, und hielt mich zwey Jahre dort auf,
„wo ich, nicht ohne Beyfall des Publicums,
„die größten Rollen übernahm. Allein ich
„hatte immer Lust gehabt, fremde Länder zu
„sehn, und in der That überlegte ich auch,
„daß man doch bey dem Schauspielerleben
„nur ungewisse Aussichten für sein hohes
„Alter hat. Da ich nun mit einem Kauf-
„manne bekannt geworden war, der viel
„Wohlwollen für mich zeigte und überhaupt
„ein gutthätiger Mann war; eröfnete ich
„Diesem von Zeit zu Zeit den Wunsch, bald
„eine andre Aussicht zu meinem Glücke aus-
„findig machen zu können," „und wäre es
„auch," fügte ich hinzu, „in einem fernen
„Welttheile" — „Wenn das Ihr Ernst
„ist," antwortete der Kaufmann; „so kann
„ich Ihnen, da Sie der Feder mächtig sind,
„vielleicht in kurzer Zeit eine gute Stelle auf
„einem Schiffe, das nach Cap de bonne
„espérance und weiter geht, verschaffen."

„Ich bat ihn, diese Güte für mich zu haben;
„Er hielt Wort, und ich reiste bald nachher,
„in Diensten eines reichen Negotianten ab."

„Wir hatten die glücklichste Fahrt, die
„man sich nur wünschen kann, und ich war
„beynahe der Einzige von der Equipage,
„welcher die ganze lange Reise hindurch,
„fast immer frisch und gesund blieb. Allein
„kaum kamen wir von dem Vorgebürge der
„guten Hofnung, nach Batavia, als ich
„anfieng, zu kränkeln. Die große Hitze, die
„ungesunden Dünste, die schlechten Nah-
„rungsmittel, der Mangel an frischem Was-
„ser, die hitzigen Getränke — Kurz! die
„ganze ungewöhnte Lebensart, zog mir eine
„hitzige Brustkrankheit zu, an welcher ich
„lange in Batavia schwer krank lag, welche
„mir ein schleichendes Fieber und eine Mat-
„tigkeit zurückließ, die mich zu allen Geschäf-
„ten unlustig machte, und mir den Wunsch
„einflößte, wieder nach Europa zurückkehren
„zu können."

„Ich war indeß nach dem Cap zurück-
„gekehrt, wo die Luft gesunder ist und
„erwartete hier eine schickliche Gelegenheit,

„als der Capitain Cook im Jahre 1772,
„bey seiner großen Reise um die Welt dort
„ankam. Da wurde ich dann durch die
„Lust, ferne, unbekannte Länder zu sehn,
„durch die Hofnung, daß die gemildertere
„Luft in Süden, wohin Cooks Fahrt gerichtet
„war, meine in Batavia zerrüttete Gesund:
„heit wieder herstellen würde, und endlich
„die Ungewißheit, wie bald ich ein Schiff
„finden würde, das mich nach Europa brächte
„(wo ich im Grunde doch auch nichts zu
„erwarten hatte, wenn ich auch die lange
„und heiße Reise aushielte) — durch dies alles,
„sage ich, wurde ich bewogen, den Capitain
„Cook zu bitten, mir einen Platz in seinem
„Gefolge zu geben, welches er willig that,
„und mir eine Schreibersstelle anwies, wor:
„auf ich um meinen Abschied bat und mit
„dem berühmten Seefahrer am 27sten No:
„vember 1772 vom Vorgebürge der guten
„Hofnung wegfuhr."

„Wir stachen frisch in die See, und der
„Zweck der Reise war, wie bekannt, zu
„untersuchen, ob unter dem Südpol nicht
„ein großes festes Land befindlich sey. Wir
„kreuzten hin und her, stießen aber immer

„auf große Eißflächen, durch welche es
„unmöglich war, hindurchzukommen."

„Am 9ten Merz 1773 trennten sich die
„beyden Schiffe, und mich traf die Wahl,
„auf demjenigen zu bleiben, wovon der
„Capitain Furneaux Befehlshaber war. In
„Neu-Zeland trafen wir wieder zusammen,
„ohne weiter sehr wichtige Entdeckungen
„gemacht zu haben, und fuhren dann mit-
„einander auf Tahitti zu."

„In dieser schönen Insel wurde meine
„Gesundheit, welche schon auf der Reise sich
„merklich gebessert hatte, gänzlich hergestellt.
„Ich erinnere mich nie vorher so frohe,
„sorgenlose Tage verlebt zu haben, wie hier,
„glaubte auch damals nicht, daß es ein
„glücklichers Volk geben könne, wie die guten
„Tahittier."

„So wie indessen mein Körper an Ge-
„sundheit und Stärke zunahm; wurde er
„dann auch empfänglicher für die sinnlichen
„Eindrücke. Eine junge Tahittierinn, welche
„uns oft besuchte und sich durch Sittsamkeit,
„Unschuld und Naivetät von den Uebrigen

„ihres Geschlechts sehr unterschied, gefiel
„mir unbeschreiblich wohl. Ich war fünf
„und dreyßig Jahre alt, und hatte noch nie
„in meinem Leben mit ganzem Herzen geliebt,
„auch waren mir immer die gezierten Ma=
„nieren der Europäerinnen, ihre grobe und
„feine Coketterie, ihr Mangel an wahrhaftem
„reinen, innigen Gefühle, die stets durch=
„schimmernde Eitelkeit oder Sinnlichkeit, an
„der Stelle der Liebe, die conventionelle Tu=
„gend, die studierte Sprödigkeit und die
„bedächtliche Ergebung nach Zeit und Umstän=
„den in den Tod zuwieder gewesen. War
„es daher Wunder, wenn hier Schönheit
„und Einfalt Eindruck auf mich machten?
„Meine junge Schöne schien auch bald für
„mich mehr wie gemeine Zuneigung zu fühlen,
„und diese stieg endlich bis zur größten Zärt=
„lichkeit. Sie lebte nur für mich, brachte
„mir die schönsten Früchte, und war besorgt
„um mich, so oft ich nur einen trüben Blick
„auf sie warf. Und das kam nun freylich
„oft; denn wenn ich dachte, welche selige
„Tage ich hier verlebte, und wie das alles
„auf einmal vorbey, auf ewig vorbey seyn
„würde, wenn unsre Schiffe wieder abführen;
„wie ich dann wieder in den gezwungnen
„euro=

„europäischen Circuln eingesperrt, von Sorgen,
„Leidenschaften, Vorurtheilen und unnützen
„Bedürfnissen in einem Wirbel umhergetrie-
„ben werden würde; dann konnte ich mich
„wahrlich oft der Thränen nicht enthalten."

„Meine Geliebte, deren Sprache ich in
„kurzer Zeit gelernt hatte, (die Liebe ist eine
„herrliche Lehrmeisterinn) lockte mir endlich
„mein Geheimniß ab, und ich bekannte es
„ihr, wie sehr mein Herz von dem Gedan-
„ken, sie bald zu verliehren, zerrissen würde."
„O! wenn Du sonst keinen Kummer hast,"
rief sie da aus, und umschlang mich mit ihren
schönen Armen; „so sey ruhig! Nichts soll
„uns trennen; Ich folge Dir durch die ganze
„Welt." „Armes Mädchen!" rief ich:
„Nein! so unglücklich will ich Dich und mich
„nicht machen. Du kennst diese glänzenden,
„geputzten Europäer noch nicht. Ich sollte
„Dich aus dem Schooße Deiner Eltern, aus
„diesen glücklichen, schönen Gefilden fort-
„reissen, um Deine Ruhe und Unschuld
„meinen verderbten Landesleuten preiszuge-
„ben? — Nimmermehr! Ach! Könnte ich
„doch hier bey Dir bleiben!" — „Und was
„hindert Dich, das zu thun?" sagte sie —

Peter Claus 2. Th.   E

„O! bester, liebster Bricki!" (so nannte sie
mich) „o! bleibe hier!" — „Sie bat und
„flehete so dringend, führte mich zu ihrem
„Vater, der ein guter alter Mann war und
„seine Bitten mit den ihrigen vereinigte —
„Kurz! ich gab nach, verschwieg meinen
„Entschluß vor unsern Leuten, und gieng in
„der letzten Nacht vor Abfahrt der Schiffe in
„das Haus des alten Vaters, der mir seinen
„ältesten Sohn mitgab, welcher nebst meiner
„Geliebten mich tief in das Land hinein-
„führte, dort in einem Walde versteckte —
„und so war ich dann nun ein Einwohner
„von Tahitti, im Besitz eines lieben Weibes,
„vergaß Vaterland und Landesleute; Dem
„Capitain Cook aber schickte ich durch einen
„Wilden einen Brief, darinn ich ihm mei-
„nen Entschluß meldete, und ihn bat, sich
„die verlohrne Mühe zu ersparen, mich auf-
„zusuchen. Ich dankte ihm für seine mir
„bezeigte Güte, und ließ den größten Theil
„meiner elenden Habseligkeiten auf dem
„Schiffe."

„Nie habe ich lebhafter empfunden wie
„damals, welches Elend wir uns selbst,
„durch Vervielfältigung unsrer Bedürfnisse

"aufladen. Glücklich in dem Besitze eines
"lieben Weibes; An ihrer Seite, unter
"dem Schatten eines Baums ruhend, dessen
"wohlschmeckende Frucht mir zugleich die
"herrlichste und gesundeste Nahrung gab;
"In einer einfachen Hütte gegen die Launen
"des Wetters geschützt; Bezaubert von
"dem schönen Anblicke der reichen, immer
"neuen, unterhaltenden Natur; Gekleidet
"und bedeckt mit einem Stoffe, dessen
"Zubereitung mir sowohl gesunde Bewegung
"wie Zeitvertreib verschaffte; Unverfolgt von
"dem Neide, der Hinterlist und der Hab-
"sucht, ungekränkt von dem Stolze der
"feinen Europäer; Da wo kein wollüstiger
"Fürst meinem treuen Weibe nachstellen,
"kein dummer Tyrann meine gesunden Glie-
"der an auswärtige Potentaten verkaufen,
"noch mein Vieh aus dem Stalle holen
"konnte, um eine Arie trillern zu hören,
"eine Pastete zu fressen, einen Dieb mehr
"zu besolden, einen Hirsch mehr todzumar-
"tern, oder ein rares unnützes Thier mehr
"in der Menagerie zu füttern — Wer
"hätte nicht sagen sollen, daß man in diesem
"seligen Zustande Ewigkeiten lang vergnügt,
"ohne mehr zu wünschen noch zu fürchten,

„fortleben könnte? — Aber die Mängel
„einer unzweckmäßigen Erziehung drückten
„mich auch hier. Sobald der erste Reiz
„der Neuheit (leider! das Einzige, womit
„man den verwöhnten Kunstmenschen fesseln
„kann) vorüber war; da fieng ich an,
„mehr zu wünschen. Bald erzählte ich
„meinem Weibe von europäischen Künsten
„und Wissenschaften, damit ich Gelegenheit
„haben mögte, durch ihre Fragen und
„Gespräche wieder an jene glänzende Arm-
„seligkeiten erinnert zu werden; Dann
„wollte ich mich bemühn, sie unsre rauhen
„unbiegsamen Sprachen reden und schreiben
„zu lehren; Ein andermal schnitt ich mir
„eine Flöte aus Schilf, und begleitete den
„einfachen Herzensgesang der Natur mit
„meinen erkünstelten Tönen; Ich wünschte
„mir Bücher, und hatte doch das große
„Buch des Schöpfers, das man nie aus-
„wendig lernt, vor mir; Ich war nicht
„gewöhnt, wenn ich aß, meinen Hunger,
„sondern meinen Apetit zu fragen, aß mehr,
„trank mehr, wie ich nöthig gehabt hätte;
„dann war mir die Speise zuwieder gewor-
„den, und ich suchte Abwechselung; Oder
„ich empfand Kopfschmerzen und wünschte

„mir, aus der Apotheke ein schmerzstillendes
„Gift holen zu können; Meine Schnupf:
„tabaksdose war leer, ich suchte Kräuter,
„die mir das Gehirn kitzeln, und mich
„betäuben könnten; Ich legte künstliche,
„nach der Schnur gezogene Gärten an, da
„wo der Schöpfer Mannigfaltigkeit verordnet
„hatte, und pflanzte auf einem Fleck zusammen,
„was die Natur in so herrlicher Schattie:
„rung vertheilt; Dann hätte ich gern die
„Eingeweide der mütterlichen Erde durch:
„wühlen und das unglückliche Metall her:
„ausholen mögen; Auch fieng ich an, die
„Jugend zu cultiviren; Sie mußten die
„Füße auswärts setzen, welche Gott grade:
„hin hat wachsen lassen, und wenn sie die
„Heiterkeit ihres frohen Herzens in unge:
„zwungnen Sprüngen entfalten wollten;
„lehrte ich sie, nach einer schaalen Weise,
„in der Figur von gothischen Zahlen, von
„Schneckenlinien und Ketten, sich gleich:
„förmig durcheinander hindurchzwängen —
„Ja! soll ich es bekennen? Wenn dann
„mein Geblüt erhitzt war, und ich sah,
„mit welcher natürlichen Grazie ein junges
„blühendes Mädchen dahinhüpfte; dann
„erwachten strafbare Begierden in meiner

„Seele — Pfui!" sagte ich zu mir selbst,
„schändlicher Europäer! Wie wenig verdienst
„Du unter unverderbten Menschen zu leben,
„und doch bist Du keiner der Schlechtesten
„unter Deinen Landesleuten."

„Auf diese Art nagte das Gefühl meiner
„eignen Unwürdigkeit, die unruhige Thätig=
„keit und das gewöhnte Verlangen nach
„immerwährendem Wechsel (Welch' ein
„Wiederspruch!) an meinem Gemüthe. Mein
„Weib sah' es, sie war im fünften Monate
„schwanger, und härmte sich darüber, daß
„ich nicht mehr so heiter wie ehemals
„aussah."

„Eines Morgens, nachdem ich unge=
„fehr drey und zwanzig Wochen in Tahitti
„gelebt hatte, ergriff mich auf einmal ein
„verzweifelter Gedanke. Ich saß einsam
„am Ufer des unruhigen Meers, und machte
„mir selbst Vorwürfe, daß ich im Begriff
„wäre, ein ruhiges Völkchen durch meine
„armselige Cultur um Glück und Frieden zu
„bringen — Flieh' weil es noch Zeit ist,
„und sollte es Dich das Leben kosten!" rief
ich aus, und sprang plötzlich auf. — „Es

„ſtand ein Nachen, ein kleines unſichres
„Nachen am Strande; Ich ſchwang mich
„hinein — Wohin willſt Du, Elender?
„Du wirſt den Tod in den Wellen finden —
„Bleib — Was wird Dein treues Weib
„ſagen? Es war zu ſpät; Eine Welle
„hob das leichte Fahrzeug, und trieb mich
„ſchnell vom Lande weg. Auſſer einem
„kleinen Ruder und einigen Nahrungs-
„mitteln, welche von ungefehr in dem
„Nachen lagen, fand ich nichts darinn.
„Ich muſſte der Gewalt des ſtarken Elements
„weichen und erwartete ruhig, wohin ich
„verſchlagen werden könnte."

„Umſonſt würde ich es verſuchen, Euch
„die Gemüthsverfaſſung zu ſchildern, in
„der ich drey Tage hindurch zubrachte,
„während welchen ich ſo ſchnell fortgetrie-
„ben wurde, daß ich zuweilen in Ströhme
„gerieth, welche mich geſchwinder wie ein
„Pfeil fortſchoſſen. Der Nachen war feder-
„leicht; Es gelang mir, mit meinem alten
„Hute das einſchlagende Waſſer auszu-
„ſchöpfen — Die Hand der Vorſehung
„erhielt mein Leben, um mich größere
„Erfahrungen machen, und dann hier in

„meinem Vaterlande auf dem Bette meinen
„Geist aufgeben zu lassen."

„Nachdem gegen den vierten Tag
„meine Nahrungsmittel beynahe aufgezehrt
„waren, und ich schon den nahen Tod vor
„Augen zu sehn glaubte, stieß ich grade
„auf die große Eisfläche, durch welche
„Cooks Schiffe nicht kommen konnten.
„Schon war ich im Begriff, mich aus
„Verzweiflung in die See zu stürzen, als
„ein reissender Strohm, mitten durch die
„ungeheuren Eisschollen hindurch, mir einen
„Weg bahnte. Mein kleines Fahrzeug
„wurde mit ungeheurer Schnelligkeit auf
„diesem schmalen Canal fortgetrieben, und
„— o! überschwengliches Wunder! nach
„acht Stunden kam ich, durch alle diese
„Berge von Eis hindurch, in ein stilles
„Meer, das, je näher ich dem Südpol
„rückte, um desto wärmer und lieblicher
„schien."

„Nun wurde mein Herz von einer
„nie zuvor gefühlten Wonne durchströhmt.
„Ich bekam Muth, Hofnung, das unter
„dem Pol liegende Land zu erreichen, und

„diese Hofnung trog mich nicht. Nachdem
„ich mein Ruder ergriffen und, so viel
„die durch Freudigkeit gestärkten Kräfte
„erlaubten, gearbeitet hatte, sahe ich
„gegen Abend das flache Ufer eines schö-
„nen Landes voll herrlicher Gewächse und
„Bäume vor mir hingebreitet. Ich ver-
„doppelte meine Mühe, kam glücklich
„hin, stieg an das Land, warf mich auf
„die mütterliche Erde nieder, und dankte
„mit heissen Thränen meinem Schöpfer und
„Erretter."

So weit hatte ich Bricks Manuscript
gelesen, indeß das Wetter jeden Augenblick
stürmischer wurde, und uns immer mehr
rechter Hand von unserm Wege abtrieb.
Aber so ämsig las ich, daß ich kaum
merkte, in welcher Gefahr wir schwebten;
Allein gegen Abend erhob sich ein so fürchterlicher Sturm, daß ich Ihnen Allen,
meine schönen Damen und Herrn! nimmermehr wünsche, dergleichen zu erleben.

Seit einer Stunde schlage ich alle alte
und neue, poetische und prosaische Schriftsteller, die ich in meiner kleinen Bücher-

sammlung habe, nach), um für Sie ein recht dichterisches Gemälde eines Seesturms abzuschreiben. Aber sie gefallen mir alle nicht. Man sieht es ihnen vielmehr an, daß sie beym warmen Ofen geschrieben sind, und daß der Mann sich seinen eigenen Wind geschaffen hat — Mich soll der Henker holen, wenn Sie Sich nur einen Begriff davon machen können, ohne das Schauspiel selbst erlebt zu haben. Denn, sehen Sie, das Meer wird so schwarz, ja! wie soll ich nun gleich sagen? so schwarz, wie — meine manschesternen Bein-kleider, und schäumt, schäumt, wie — wie Bartseife, und noch ärger. Dann thürmt sich auf einmal alles in die Höhe, und kocht wie — aber im Großen — wie wenn ein Topf voll Erbsen überkocht, und wirft dann das Schiff, das große schwere Schiff — ja! denken Sie nur! — als wenn es ein Ball wäre, meiner Seele! so hoch in die Höhe, daß man meint, man müßte sich den Kopf am Monde einstoßen. Die Wolken hängen pechbraun, couleur de puce und in allerley Farben dicht über der Scheitel, und werden fortgewälzt, als wenn der böse Feind hinter ihnen wäre. Aus

Bosheit halten sie dann nicht fest, sondern giessen ganze Fässer voll trübes Wasser auf die armen Reisenden hinab, die doch wahrhaftig nichts dafür können, und schon da unten der Plage genug haben; Denn in dem Schiffe selbst, Mord, Pestilenz! da geht es erst recht bunt her. Krick, krack! und immer hin und wieder. Dort stürzt Einer über den Andern, und bittet nicht einmal um Verzeyhung, und dann ist ein Lerm, ein Rufen, ein Toben, ein Bethen — Man meint, man müßte toll und rasend werden.

So natürlich wie ich Ihnen das Ding beschrieben habe, ja! grade so gieng es bey uns zu. Es dauerte die ganze Nacht durch, und als der Tag herankam, sahen wir, daß wir nahe bey Dännemark waren.

„Was ist nun zu thun?" sagten die Schiffsleute. „Das Schiff ist schadhaft „an allen Ecken, ein Mast ist geborsten. „Gott Lob! daß wir nur Alle noch leben! „Wir müssen nach Dännemark, und dort „erst das Schiff ausbessern." Es blieb keine Wahl übrig. Ich war, scheint es, bestimmt, ein Stück dieses Reichs zu sehn. Wir segelten darauf los und kamen um zwölf Uhr Mittags in Koppenhagen, dem Zollhaus gegenüber, bey Christianhafen vor Anker.

Fünftes Capitel.

Erneuert alte Bekanntschaft. Entdeckung dadurch. Fortsetzung des Manuscripts. Abreise nach Holland.

„Es ist eine herrliche Sache um das Reisen, mein Herr Officier!" sagte ich, als wir am Hafen auf und niedergiengen, „und ich komme jetzt so dazu, und weiß „nicht wie." Uebel genug!" antwortete der Kriegsmann, „daß wir hier nach Dänne„mark gerathen sind, und wissen nicht wie! „Ihr Herr Vater wird in großen Sorgen „unsertwegen seyn." „Das glaube ich „schwerlich," erwiederte ich mit Lächeln (Er hörte es aber nicht, sondern fuhr fort) „Und „was machen wir hier? Ich habe von je her „die Dänen nicht gut leiden können. Es „ist nichts wie Körper an ihnen. Wir sind „alle Erdenklöße, aber diese Menschen scheinen „aus bloßer schweren Thonerde zusammen„gesetzt zu seyn."

Er machte noch einige solche unbillige
Anmerkungen über diese Nation, als eben
ein Mann, mit Büchern unter dem Arm,
eilig durch die Quergasse gestrichen kam.
„Das ist gewiß ein Franzose oder so ein
„Ding" sagte mein Gefährte — Ich sah
nun die Figur genauer an, und meinte,
ich müßte das Wesen schon irgendwo gesehn
haben. Als er näher kam, durfte ich nicht
länger zweifeln: „Ah cäreste Clausen!
„Wo gord ed?" rief er in gebrochenem
Dänischen aus, und fiel mir um den Hals.
„Est-ce bien Vous, mon ami? Nun!
„wer hätte denn denken sollen, daß wir uns
„hier in Dännemark antreffen würden? Und
„zu urtheilen nach meines alten Peters
„Ansehn und Anzuge; so muß es Ihnen,
„mein Freund! wohl gehn." „Mein Herr!"
sagte ich: „Zu dienen! So! So! Vielleicht
„sind Sie aber irre. Zwar heisse ich würk-
„lich, wie Sie mich genannt haben; allein
„dürfte ich fragen, mit wem ich die Ehre
„habe" — „Ah mon chér!" rief er aus:
„Die Umstände verändern sich, und das
„Schicksal verändert die Menschen, mais
„ne Vous souvient-il plus du Sieur
„Lippeville? Par Dieu! pour moi, je

„Vous ai d'abord reconnu" — Ja! er war es leibhaftig. „Und wie, in aller „Welt!" fragte ich, „kommen Sie denn „hierher?" „Nun, das will ich Ihnen „erzählen," war seine Antwort. „Es hat „mir nicht recht glücken wollen in meinem „Vaterlande, und so bin ich endlich sogar „Hofmeister bey einem teutschen Grafen „geworden, mit dem ich auf Reisen gieng. „Der junge Mensch besaß hübsches Vermö= „gen; aber, wie es dann geht, er verspielte „alles, und zuletzt hatten wir Beyde nichts „mehr; denn was mich betrifft, so verlohr „ich auch meine rente viagère durch einen „unglücklichen Bankerott, den die Casse „machte. Der junge Graf sah sich genöthigt, „in kaiserliche Dienste als Officier zu treten. „Nun war für mich weiter keine Ressource „übrig, als von meinen geringen Talenten „Partie zu ziehn. Ich war damals grade in „Schleßwig, wo ich meine Lage einem guten „Manne entdeckte, der mir dann Addressen „hierher gab. Es wollte aber Anfangs nicht „recht gehn; Ich mußte allerley Wege ein= „schlagen; Endlich ergriff ich den Entschluß, „der Jugend Unterricht im Französischen und „Teutschen zu geben, und da finde ich nun

„als Sprachmeister mein ziemlich bequemes
„Auskommen. Ich habe eine Witwe gehey-
„rathet, die einiges Vermögen hat, so daß
„ich nicht übermäßig viel Stunden zu über-
„nehmen brauche. Aber freylich fällt mir
„oft mein ehemaliger Glanz ein. Doch wie
„kommen Sie, mein lieber Claus! denn
„hierher?" „Das ist," antwortete ich ihm,
„jetzt zu weitläuftig zu erzählen. Nur Eine
„Bitte habe ich an Sie, und die besteht
„darin, daß Sie diesem Herrn Officier hier
„sagen mögen, wer ich bin, und unter
„welchen Umständen Sie mich gekannt
„haben."

Lippeville war sogleich bereit, meinem
Gesuche zu willfahren. Wir Drey giengen
zusammen in einen nahegelegenen Gasthof;
Dort versicherte mein ehemaliger Herr den
Officier, daß ich Peter Claus hiesse, enthol-
länderte mich also durch sein unverdächtiges
Zeugniß; Es wurde alles aufgeklärt, ich
erzählte die Veranlassung der Irrung, die
Austauschung der Kleider, einen Theil meiner
übrigen Schicksale, und setzte freylich dadurch
den Officier, der mich unzählichmal um Verzeyhung bat, in nicht geringe Verlegenheit.

Jetzt

Jetzt war es schwer, einen Entschluß zu fassen, was nun bey den Umständen zu thun seyn würde. Doch fiel endlich die Entscheidung dahin aus, daß ich die Güte haben mögte, mit nach Holland zu schiffen; Der Herr Vetter des Hauptmanns, der alte Herr van Haftendonk, dem zur Freundschaft er nach Hamburg gereiset sey, den Sohn aufzusuchen, werde freylich nicht wissen, ob er ihm danken solle oder nicht. Doch sey ja der Sohn, meiner Versicherung nach, auch nach Holland abgegangen — „Kurz! Wir müssen „sehn, wie es geht, mein lieber Herr Claus," sagte der Officier: „Auf jeden Fall wird „Sie mein Vetter reichlich entschädigen, „und Sie reisen ja ohnehin gern. Das „Unglück ist nicht so groß, einer reichen Frau „angetrauet zu werden, wenn Sie sie auch „behalten müßten. Nur mit dem Kinde „wäre es so ein Umstand — Doch, was hilft „es, vor der Zeit sich mit Grillen plagen? „Nur so viel muß ich bitten, daß wir uns „nicht länger wie einen Tag hier aufhalten. „Wir können ja morgen die Hauptmerkwür„digkeiten der Stadt besehn, und indeß wird „auch unser Schiff wieder im Stande seyn, „abzufahren."

Peter Claus 2. Th.   D

Monsieur de Lippeville erboth sich, unser Cicerone zu seyn, hielt auch am folgenden Tage sein Wort, und wies uns, was man Fremden zu zeigen pflegt. Allein ich würde es für Misbrauch Ihrer Geduld halten, meine lieben Leser!, wenn ich Sie hier mit einer Beschreibung von Koppenhagen ermüden wollte. Ich mag Ihnen lieber die Fortsetzung meines Brickischen Manuscripts abschreiben, wovon ich noch den Abend unsrer Ankunft ein Stück las, als mein Herr Hauptmann ausgegangen war, mit den Schiffern Abrede zu nehmen. Uebrigens war ich mit diesem Manuscripte sehr geheim, steckte es weg, sobald der Officier wiederkam, und weil derselbe diesmal nicht lange ausblieb; so verzeyhen Sie gnädigst, wenn Sie in diesem Capitel nur ein kurzes Stück davon zu sehn bekommen!

Fortsetzung des Manuscripts.

„Ich weiß wohl, meine werthesten
„Freunde! daß es Euch unglaublich vorkom-
„men wird, wenn ich Euch erzähle, daß
„grade unter dem Pole ein so liebliches Clima
„herrscht, da es, nach der gemeinen Mei-
„nung, nirgends kälter seyn müßte wie da.

„Allein ich ersuche Euch, gewöhnt Euch,
„an keinem Dinge zu zweifeln, das Ihr
„nicht gesehn habt, und da ich gewiß der
„einzige Europäer bin, der bis dahin gedrun-
„gen ist; so glaubt mir vorerst — Es ist
„ein Glauben, der auf Eure Sittlichkeit
„keinen Einfluß hat." —

„Epicur behauptete, man könne nicht
„beweisen, daß die Sonne größer sey, wie
„sie unsern Augen schiene. Alte und neue
„Persifleurs fanden diesen Satz sehr dumm;
„Ich finde ihn nicht also. Wer weiß denn,
„ob dieselben Regeln der Meßkunst, die unsern
„groben Sinnen einen Körper in dieser oder
„jener Größe darstellen, und ihn anders
„darstellen würden, wenn wir anders orga-
„nisierte Sinne hätten, wer weiß, ob diese
„uns so heilig wahrscheinenden mathematische
„Gesetze in andern Regionen anwendbar
„sind? Wer weiß, ob dort nicht ein Körper
„größer scheint, je weiter er entfernt ist?
„Ihr seht in einiger Entfernung einen Baum
„stehn; Ihr nennt das Entfernung, und
„was dazwischen ist, Raum, weil Eure zwey
„groben Sinne, Gesicht und Gefühl, nicht
„eher anstoßen, sondern den Zwischenraum

„für Luft halten, bis zu diesem Baume.
„Aber wer sagt Euch, daß, wenn Ihr feinere
„Sinne hättet, Ihr nicht alles voll von
„Körpern, und zwischen Euch und einem
„Baume eine solche Kette von materiellen
„Wesen finden würdet, daß ihr den Baum
„und Euch selbst nicht als zwey abgesonderte
„Stücke, sondern als ein zusammenhängendes
„Wesen ansehn müßtet? Wenn nun so viel
„Unsicherheit in der Erkenntniß der Dinge
„hier unten ist, mit welcher Gewißheit wollt
„Ihr von den fernen Wesen dort oben reden?
„Also gehet gnädig um mit Geistersehern
„und speculativen Köpfen! Bauet nicht Eure
„Glückseligkeit auf Dinge, die ausser Eurer
„sinnlichen Empfänglichkeit sind, aber dispu-
„tirt nicht weg, was Ihr nicht sehet oder
„fühlet." *

---

* C'est une singulière tête que ce Monsieur Brick!
Doch verdient, was er hier sagt, einige Aufmerksamkeit. Nach seinem Systeme wäre aller Begriff
von Größe, Form, Gestalt, Farbe, Entfernung
u. s. f. Täuschung. Die mathematischen Wahrheiten
wären also gegen die gemeine Meinung, von allen
die unsichersten; die moralischen Gesetze hingegen
unwandelbar, theils weil sie die Harmonie des
ganzen Sichtbaren und Unsichtbaren befördern,

„Doch, ich entferne mich von meinem „Zwecke. Genug! unter dem Pole hören die „Gesetze der Natur, wie sie in den übrigen „Erdgürteln herrschen, auf, und sobald man „durch die Eisburg, welche diesen Pol von „den andern Welttheilen absondert, hindurch „ist; ruht ewiger Frühling, unbeschreiblich „sanftes Clima, auf den glücklichen Ge- „filden, die ich Euch beschreiben will. Ver- „muthlich wird es unter dem Nordpol eben „so seyn."

---

theils weil das, was wir thun sollen, sich nur nach demjenigen bestimmen läßt, was wir kennen. Es könnten also eine Menge Dinge theoretisch wahr seyn, ohne daß wir sie einsähen; umgekehrt aber, practisch wahr für uns könnte nur das seyn, was für uns theoretisch begreiflich wäre. Ein weiser Mann wäre also Derjenige, der nichts fest behauptete, als was er klar einsähe, dennoch aber an nichts zweifelte, was er nicht einsähe, und der in seinen Handlungen nur nach dem Maaßstabe seiner Erkenntniß consequent handelte; einen Schwärmer und Thoren müßte man Denjenigen nennen, der seine Handlungen nach möglichen Wahrheiten, die er nicht einsähe, bestimmte, einen Bösewicht aber nur Den, welcher wieder seine Einsicht handelte.

Peter Clausens Anmerkung.

„So ungewiß es auch war, welches „mein Schicksal seyn, ob ich hier lebendige „Wesen antreffen, ja! ob ich je wieder Ge: „schöpfe meiner Art erblicken, oder nicht „vielleicht einsam eines traurigen Todes ster: „ben würde, von keinem Freunde, der mir „die Augen zudrücken könnte, mit einem „Labetrunke erquickt, ohne Trost, ohne Pflege, „ohne Schmerzenslindrung; so fiel mir doch „ein solcher Gedanke gar nicht ein. Nur „das einzige Gefühl, mich von den Gefah: „ren der See errettet, und Gottes schönen „Erdboden, die herrlichsten, reichsten Gefilde „vor mir ausgebreitet zu sehn, erfüllte meine „Seele mit überströhmender Wonne. Ich „bemerkte keine Spur von Fleiß und Arbeit „der Einwohner, kein Fahrzeug am weiten „Ufer hinunter, keine Pflanzungen, keine „Hütten, aber doch war rings umher das „ganze Land, so weit ich sehn konnte, mit „den schönsten Bäumen und Gewächsen „bedeckt. Allein alle diese Erdproducte „waren mir ihrer Gestalt nach völlig „fremd, ja! ich erinnerte mich nicht ein: „mal, in Tahitti einige derselben gesehn „zu haben."

„Nachdem ich eine Stunde lang freude=
„trunken diesen schönen Anblick genossen
„hatte, fieng nagender Hunger an, sich bey
„mir zu melden. Schöne Früchte, von denen
„die Bäume vollhiengen, schienen mich ein=
„zuladen, Erquickung bey ihnen zu suchen;
„Ich brach einige ab — Und ach! welch'
„ein Geschmack! Ich fühlte neues Leben
„durch mein Wesen hingegossen. Eine Quelle,
„hell, lieblich, und von Geschmack so süß,
„reichte mir den Trank dar. Vögel aller
„Art und kleine, freundliche vierfüßige Thiere
„hüpften um mich herum, und schienen mich
„gar nicht zu scheuen, sondern mich vielmehr
„als ihren ältern Bruder und Beschützer zu
„betrachten. Ein kleines Thier, das viel
„Aehnlichkeit mit unserm Eichhörnchen hatte,
„kratzte mit seinem Pfötchen in der Erde,
„und brachte endlich einige Wurzeln hervor,
„die es begierig verschlang. Mich wandelte
„die Lust an, diese Wurzeln auch zu ver=
„suchen; ich zog einige heraus, und fand sie
„wohlschmeckend und sättigend. Nachdem
„ich nun also eine gar erquickende Mahlzeit
„gehalten hatte, ergriff der Schlaf meine
„müden Glieder. Eine grüne Aue, voll
„schöner duftenden Kräuter, war mein Lager.

„Ich schlief ein, und erwachte erst, nachdem
„ich vielleicht zwölf Stunden lang geschlafen
„haben mogte."

„Sobald ich die Augen öfnete, sah ich
„mit Verwundrung zwey menschliche Ge-
„schöpfe neben mir stehn, die mich aufmerk-
„sam betrachteten, und wahrscheinlich schon
„lange, während meines Schlafs, mich
„beobachtet hatten. Es war ein Mann und
„ein Weib, meiner Beurtheilung nach die
„höchsten Ideale von Schönheit, weiß von
„Haut, geschmückt mit langen gelben Haaren;
„schöne schlanke Glieder, die kein unnatür-
„liches Gewand bedeckte, denn sie waren,
„bis auf einen Schurz noch, gänzlich bloß;
„Gestalt und Blicke voll Milde, Hoheit und
„Güte, von keiner ängstlichen noch sträflichen
„Leidenschaft verzerrt, durch keine Kränklich-
„keit erschlafft — Das strahlende Ebenbild
„des großen Schöpfers glänzend auf der
„heitern Stirne" —

„Gern bekenne ich es, ich konnte den
„Anblick so vieler edler Größe kaum ertra-
„gen; Ich raffte mich von meinem Lager auf,
„und verneigte mich vor ihnen, indem ich

„zugleich ein Zeichen machte, welches so viel
„ausdrücken sollte, als daß ich sie um Schutz
„und Schonung bäte, daß ich unglücklich
„und ohne meinen Willen vom Meere hier-
„hergetrieben wäre. Der junge Mann ver-
„stand mich, reichte mir die Hand, und
„führte mich nebst seiner Frau leutselig mit
„sich fort. Unterwegens sprachen Beyde viel
„mit einander. Ich verstand wenig davon,
„doch hörte ich zu meiner größten Befrem-
„dung, daß es eine Art von hebräischer
„Mundart war. Ich hatte, als ich noch
„wie Sachwalter * viel Processe für Juden
„führte, einige Unterweisung in dieser
„Sprache genommen, um Handlungsbücher
„und andre jüdische Documente verstehn zu
„können, aber freylich war mir theils viel
„davon wieder aus dem Gedächtnisse gekom-
„men, theils schien mir das, was diese
„Wilden redeten, eine viel reichere Sprache
„zu seyn, wie das gewöhnliche Hebräische,
„so wie wir es itzt aus den Büchern des
„alten Testaments lernen — Doch, wie
„kann ich diese sanften, einfachen Natur-
„menschen Wilde nennen? Zehnmal richtiger

* Erster Theil Seite 68.

„verdienten wir verderbte, verwilderte Euro-
„päer den Namen."

„Meine Führer betrachteten meinen An-
„zug, der halb europäisch, halb tahittisch
„war, mit Mitleiden. Sie zeigten mit
„Fingern auf die vielfachen unnöthigen
„Stücke, aus denen er zusammengesetzt war,
„und überhaupt schienen sie mehr Bedauern
„wie Verwundrung zu empfinden, so oft sie
„ihre Augen auf mich hefteten — Nie ist
„mein europäischer Stolz so sehr gedemüthigt
„worden wie hier, da ich bemerkte, wie
„geringe die Achtung war, mit welcher diese
„ungezierten Geschöpfe auf ein Männlein
„herabblickten, das zu einer Nation gehört,
„die sich rühmt, die Herrschaft des Erdbodens
„zu Wasser und zu Lande zu besitzen und alle
„übrigen Völker zu cultiviren, wenn sie sich
„die Freyheit nehmen darf, in bretternen
„Kasten sich von Wind und Wasser umher-
„treiben zu lassen, dann auf fremden Küsten
„einen Rosenkranz zu bethen, oder eine
„Fahne mit einem Wapen aufzupflanzen,
„das dort niemand kennt, und unschuldige
„Geschöpfe ungestraft zu morden, wenn sie
„uns nicht erlauben wollen, was die Erde

„für Alle trägt, allein uns Einwohnern
„eines kleinen, unbeträchtlichen Erdfleckchens
„zuzueignen, oder wenn sie nicht als unent‐
„behrlich zu ihrer zeitlichen und ewigen Glück‐
„seligkeit ansehn wollen, was ein Paar
„schiefe Köpfe erfunden, und dann der
„übrigen Welt zu glauben aufgedrungen
„haben."

„Wir kamen bald in ein reizendes Thal,
„in welchem weit umher eine Menge Hütten
„zerstreuet lagen — Ein herrlicher, lachen‐
„der Anblick! Die Hütten waren äusserst
„einfach gebauet — Doch, was sage ich,
„gebauet? — gepflanzt, von den schönsten
„blüthevollen Bäumen, deren Zweige dicht
„ineinander geflochten und verwachsen waren.
„Vor den Eingängen dieser Hütten saßen
„alte Leute, und erquickten sich an dem
„Anblicke der schönen Natur, und an der
„Freude ihrer Kinder und Enkel, deren Einige
„fröhlich herumsprangen, und sich mit allerley
„körperlichen Uebungen ergötzten, indeß klei‐
„nere Knaben und Mädchen im bunten Grase
„spielten — Gesundheit, Freude und Unschuld
„auf den Gesichtern Aller, mit Gottes Fin‐
„ger lesbar gezeichnet."

„So wie wir nach und nach vor einigen
„Hütten vorbeygiengen, kamen die Kinder
„herangesprungen, zupften mich verwun=
„drungsvoll, nicht unbescheiden, an den
„Kleidern, sahen sich dann einander mit
„einer Art von Besorgniß an, und machten
„Zeichen, als wenn sie mich für einen kran=
„ken, halbtodten Menschen hielten. Die
„Aelteren aber redeten mit meinen Beglei=
„tern; und kehrten dann, ohne übermäßige
„Neugier zu zeigen, zu ihren Spielen und
„Arbeiten zurück. Aber diese Arbeiten waren
„nicht saure Anstrengungen, im Schweisse
„des Angesichts unnütze Bedürfnisse zu schaf=
„fen — Nein! Einer bereitete seinem alten
„Vater ein kleines Mahl aus Früchten, die
„er von den reichen Bäumen abpflückte und,
„ohne den besten Saft am Feuer auszutrock=
„nen, auf großen Blättern frisch dem Greise,
„der ihm dankbar entgegenlächelte, hin=
„reichte; Ein Andrer bauete an seiner kleinen
„Wohnung, ein Dritter flocht sich einen
„Schurz."

„Endlich näherten wir uns einer Hütte,
„an deren Eingang ein alter ehrwürdiger
„Greis mit seinem Weibe saß. Es waren

„die Eltern meines Führers und seiner Gat=
„tinn. Freundlich nahm mich der Haus=
„vater auf, und indeß die jungen Leute ihm
„erzählten, auf welche Art sie zu meiner
„Gesellschaft gekommen wären, brachten mir
„die jüngern Kinder Obst, Wurzeln und, in
„großen Schalen von Nüssen, den ausge=
„preßten Saft einer Frucht, den köstlichsten,
„erquickendsten Trank, den ich jemals genos=
„sen habe."

„Ich werde Euch nicht damit aufhalten,
„hier ein ordentliches Tagebuch von der,
„obgleich kurzen Zeit fortzuführen, welche ich
„in diesen seligen Gefilden des Friedens
„zubrachte. Nur im Allgemeinen will ich
„Euch sagen, was ich dort gesehn und
„erfahren habe."

Es wird selten Nacht daselbst, und da
„ich mich nie recht in der dortigen Zeit=
„rechnung habe finden können; kann ich nicht
„zuverlässig bestimmen, wie lange ich mich
„hier aufgehalten habe, aber so viel ist
„gewiß, daß es kein voller Monat gewesen
„ist. Und hierüber werdet Ihr Euch nicht
„wundern, wenn ich fortfahre, Euch zu

„erzählen, wie sehr die dortige Lebensart
„gegen die unsrige absticht."

„Es gelang mir in kurzer Zeit, mit Hülfe
„der geringen hebräischen Sprachkenntniß,
„die ich hatte, und ihrer natürlichen, über
„die Vorstellung einförmigen, laut redenden
„Pantomime, fast alles zu verstehn, was
„mir die Einwohner von ihrer Geschichte,
„Sitte und Einrichtung erzählten. Ob diese
„Geschichte und Mythologie wahrhaft und
„ächt, oder nur, wie die mündlichen Ueber-
„lieferungen mancher Völker, fromme Fabel
„gewesen, darüber gebührt mir nicht, zu
„urtheilen: Ich kann nur erzählen, was
„ich gehört habe."

„Sie glaubten nämlich, ihrer Tradition
„nach (denn von Schreibekunst sah ich auch
„nicht Eine Spur bey ihnen) unmittelbar
„von einem Sohne Adams abzustammen,
„der, als Verderbniß und Sünde unter den
„übrigen Kindern einriß, mit seiner Schwe-
„ster, die sein Weib war, von einem Engel
„geleitet, zu Lande hierherflüchtete. Wie
„das möglich gewesen, überlasse ich den klu-
„gen Naturkündigern auszuforschen, und ob

„etwa damals ein Theil des Meers Erde
„gewesen, nachher aber durch die Sündfluth
„überschwemmt worden, oder auf welche
„andre Art der Sohn Adams hierhergekom=
„men. Genug, er gründete eine Colonie
„unverderbter Menschen, welche von der
„großen Ueberschwemmung verschont blieben,
„das patriarchalische Regiment, Reinigkeit
„der Sitten und den wahren Gottesdienst
„behielten, also sich der traurigen Verkün=
„digung entzogen, die Gott auf den übrigen
„Theil des menschlichen Geschlechts, der
„Sünden wegen, legen mußte. Jeder Haus=
„vater blieb König in seiner Familie und
„Priester vor Gott, dem sich nur der von
„Verderbniß und Laster freye Mensch, welcher
„das heilige Ebenbild nicht entweyhet hat,
„nähern darf. Zwar hatten sie die Unsterb=
„lichkeit verlohren, aber doch nie Krankheit
„noch Gebrechen gelitten. Ein sanfter Schlaf
„nahm jeden, zu einer bessern Sphäre Vor=
„bereiteten, nach einer langen Reyhe glück=
„lich und sorgenlos verlebter Jahre, aus der
„sichtbaren Welt hinweg. Indeß war auf
„dieser Erde Studium und Anschaun der
„schönen Natur, und Verfeinerung, Hin=
„aufschwingen des geistigen Theils zu höhern

„Wesen, Umgang und Gemeinschaft mit
„Diesen, die selige Beschäftigung der von
„allen übrigen Sorgen und Bedürfnissen
„freyen Menschen. Welchen reichen mannig-
„faltigen Genuß diese höhere Glückseligkeit,
„keinem Wechsel und keinem Eckel unter-
„worfen, ihnen gewähren mußte, davon
„können freylich wir, mit unsern gröbern
„Sinnen, keinen Begriff haben. Aber ich
„sah' es und fühlte es, was ich nie wieder-
„erzählen kann, auf welcher Stufe von Er-
„habenheit diese Geschöpfe Gottes über mir
„standen, wie ihr Geist in die Zukunft hin-
„einschauete, und tiefe Blicke in mein inner-
„stes verderbtes Wesen that, wie der Allge-
„genwärtige unmittelbar in und um ihnen
„war — Allein ich schweige — unwürdig —
„mismüthig — zu seyn, was und wie ich
„bin —"

„Die einfache Kost von den Früchten der
„reichen Erde, welche keines künstlichen Sal-
„zes bedurfte, um fruchtbar zu werden, erhielt
„den gesunden, mit aller Schnellkraft und
„Stärke ausgerüsteten Körper (das Meister-
„stück des höchsten Baumeisters) stets unzer-
„rüttet. Sie aßen nie von dem Fleische
„ihrer

„ihrer Mitgeschöpfe. Ein kurzer, ruhiger
„Schlaf war hinreichend, den Gliedern neue
„Geschmeidigkeit zu geben; ein gelinder
„Regen und der süße Thau des schaffenden
„Himmels erhielt die wohlthätige, von keiner
„dürren Hitze getrennte, noch von herbem
„Froste verschlossene Erde stets bereit, aus
„ihrer Fülle ihren Kindern gesunde Säfte
„darzureichen. —— Welch' ein Leben! —
„Keine Krankheiten — Kein Eigenthum —
„Kein Luxus — Keine Leidenschaften —
„Keine Fürsten —— Keine Pfaffen! —"

„Der Trieb der Fortpflanzung wurde nicht
„durch reizbare, wiedernatürliche Speisen
„gekitzelt, und der mäßige Ruf der Natur
„ließ, wenn er befriedigt war, keine miss
„klingende, matte Stimmung zurück."

„Also hatte der Patriarch das Glück,
„seine Nachkommen, bis in das vierte Glied,
„um sich her, sich ihrer Existenz freuen und
„ihren Schöpfer preisen zu sehn, den sie in
„harmonischen Gesängen, welche meinen Ohren
„so lieblich wie ein Sphärenklang vorkamen,
„erhoben."

Peter Claus 2. Th.   E

„Dieser glückliche Zustand aber würde
„nicht lange gedauert haben, wenn nicht der
„Allgewaltige, nach der Sündfluth, das
„Gleichgewicht der Erde verändert, und um
„dieses geweyhete Paradies eine Burg von
„Eis gelegt hätte, welche seine frommen
„Kinder von einer andern Insel, welche ich
„leider! bald nachher auch sehn musste,
„getrennt hätte."

„Sie bedurften der geschriebnen Offen=
„bahrung nicht, doch wussten sie, was Gott
„für den übrigen tiefer gefallnen Theil der
„Menschen gethan hatte, und sie, die sich
„näher der größern Erlösung fühlten, nahmen
„innigen, liebevollen Antheil an dem Schick=
„sale der Brüder, welche weiter vom Ziele
„waren."

„Für mich war gar kein Bleibens hier
„in diesen seligen Wohnungen. Die Höhe
„zu erreichen, auf welcher jene edlere Wesen
„standen, dazu fühlte ich mich bald zu
„schwach. Von Jugend an im Verderbnisse
„aufgewachsen, von einem Heere unruhiger
„Leidenschaften bestürmt — Wie hätte ich da
„je den göttlichen Frieden finden können,

„wozu Körper, Seele und Geist in vollkomm:
„nen Einklange stimmen müssen?"

„An einem schönen heitern Abende rief
„mich ein alter Greis zu sich vor die Thür
„seiner Hütte, ergriff mich väterlich bey der
„Hand, und sprach, theils in Worten, theils
„durch Zeichen also zu mir:" „Armer Fremd:
„ling! Ich sehe es, Du trauerst, weil Du
„nicht ganz bist, wie wir sind. Allein ver:
„zage nicht, guter Mensch! Einst in einer
„andern Welt wirst auch Du zu einer größern
„Stufe von Vollkommenheit gelangen, wenn
„Du hier Deine Bestimmung treu und fleißig
„erfüllst. In unsern Gefilden aber darfst
„Du nicht länger bleiben. So will es der
„weise Schöpfer, daß Du noch andre ferne
„Länder sehest, und endlich in Deinem
„Vaterlande Deine irdische Hülle ablegest,
„daß Deine Gebeine gesammlet werden zu
„den Gebeinen Derer, die Du kanntest, und
„die von Deinem Stamme und Geschlechte
„sind. Geniesse von dieser Frucht, und Du
„wirst in einen Schlummer fallen, und wenn
„Du erwachst, dann werden Deine Augen
„mehr sehn wie Du erwartest."

„Der ehrwürdige Mann gab mir eine
„röthliche Traube, die ich auf sein Geheiß
„verzehrte, und kaum hatte ich die letzte
„Beere genossen, als ein unwiderstehlicher
„Schlaf mich ergriff —. Wie ich endlich
„aufwachte" —

So weit hatte ich in der Handschrift
gelesen, als der Hauptmann wieder in die
Thür trat, worauf ich dann sogleich meine
Papiere zusammenpackte.

Sechstes Capitel.

Peter schreibt an Reyerberg. Ein kleines Abentheuer. Abreise nach Holland.

„Nun, mein lieber Herr Claus!" rief der Officier: „Alles ist in Ordnung; Wir „können übermorgen in See stechen. Mor: „gen laufen wir in der Stadt herum, und „diesen Abend wollen wir, denke ich, recht „fröhlich hinbringen. Lassen Sie uns den „Windbeutel, den Lippeville, oder wie der „alte Kerl heisst, hier in den Gasthof zum „Abendessen bitten! Er soll uns Geschichtchen „erzählen. Der Mann ist weit in der Welt „gewesen, mag allerley erfahren haben — „Kommen Sie!" „Herzlich gern!" erwiederte ich: „Nur lassen Sie mich vorher einen „Brief schreiben!"

Ich setzte mich hin, schrieb an meinen lieben Reyerberg nach Hamburg, und gab ihm Nachricht von dem, was mir begegnet

war. Der gute Ludwig mogte wohl in die
größte Verlegenheit meinetwegen gerathen
seyn, als er des Morgens Brick tod im
Bette gefunden hatte, und ich verschwunden
war. Jetzt meldete ich ihm den ganzen
Zusammenhang, versprach, sobald mein Ge=
schäft in Holland geendigt seyn, und ich
meine Frau an den rechten Mann gebracht
haben würde, zu ihm nach Hamburg zurück=
zukehren. Dabey berichtete ich ihm, daß ich
eine kostbare Handschrift besäße, die vielleicht
unser Beyder Glück machen würde, aber in
der That war, was ich bis itzt mit Ihnen,
meine lieben Herrn! davon gelesen hatte,
nicht von der Art, daß wir damit bey Fürsten
etwas zu gewinnen hoffen durften. Wenn
auch das Ganze nicht vielleicht ein politischer
Roman war, wie ich es noch dafür anzusehn
Ursache fand; so konnte doch die Entdeckung
eines Landes, wo weder Luxus noch Laster,
sondern Unschuld und Freyheit herrschen,
wenig Reiz für unsre Regenten haben —
Das ist kein Land für europäische Tyrannen!
Bey welchem Zipfel soll es der Despotismus
angreifen? Wie soll man Menschen unter=
jochen, sie mit der närrischen Grille erfüllen
können, daß ihrer hunderttausend Kluge

Einem Mittelmäßigen gehorchen müssen, wenn dieser Einzige sich Jenen nicht nothwendig zu machen versteht? Und wie kann er das, wenn sie keine solche Bedürfnisse haben, deren Befriedigung in seiner Macht ist, wenn sie nichts brauchen, als was ihnen die mütterliche Erde liefert und, sobald ihnen ein Theil davon entzogen wird, sich ein anders wählen? Die noch dazu durch undurchdringliche Festungswerke von der übrigen Welt abgesondert sind, und endlich unter einem höhern Schutze stehen, der sie vor Cultur und Corruption bewahrt? Wenn sie ohne Rauchtabak und Schnupftabak, ohne Gold, Silber, Brod, Bier, Brandtewein, Priester u. d. gl. leben können? —

Mein Brief war eben fertig, so daß ich Licht bestellen wollte, um ihn zu versiegeln, und dann meinen Officier im Wirthszimmer aufzusuchen, da er unterdessen ausgegangen war, den alten Sieur Lippeville zu uns zu bitten, als leise an meine Thür gepocht wurde. Ich rief: „herein!" und siehe da! es trat ein junges liebliches Mädchen, mit schönen braunen Augen und schwarzen Haaren in das Zimmer. Sie redete mich französisch an: „Verzeyhen Sie," sagte sie: „Ich glaube „fast unrecht zu kommen." „O! nichts weni„ger, mein Kind!" antwortete ich, und stand von meinem Stuhle auf, ihr entgegen zu gehn. „Ein so hübsches Frauenzimmer „kömmt nie unrecht bey mir. Treten Sie „ja näher!" „Um Verzeyhung!" erwiederte sie: „Ich suchte meinen Stiefvater hier" — „Und der ist?" — „C'est le Sieur de „Lippeville, Monsieur, pour Vous „servir. Je le croyois ici, mais voyant „que Vous êtes seul, Vous m'excuserés, „Monsieur" — Sie wollte fort — „Ey! „wohin so eilig?" — „Um des Himmels „willen, lassen Sie mich ja fort!" rief sie: „Mein Vater ist gar strenge; Wenn er mich „hier allein bey einem hübschen Herrn fände; „Was würde er sagen?" Ich merkte nun wohl, was für Art Frauenzimmer ich vor mir hatte, und ich glaube dem edlen Herrn von Lippeville nicht zu viel Unrecht zu thun, wenn ich vermuthe, daß dies Stieftöchterchen von ihm abgeschickt war, den fremden Herrn die Zeit zu vertreiben, und dagegen einige holländische Ducaten mit nach Haus zu bringen. Einem Manne von seiner Art konnte man schon zutrauen, daß er, bey seinen jetzigen Umständen, nebenher einen kleinen Handel von dieser Art triebe, und daß, als er mir erzählt hatte, er habe eine Witwe mit einigem Vermögen geheyrathet, das Capital einer jungen Stieftochter mit in Anschlag gebracht war.

Peter Claus war aber nicht so neu in der Welt, um sich in einer solchen Schlinge fangen zu lassen. Zehn oder zwölf Jahre früher mögte es freylich wohl ganz anders ausgefallen seyn. Der Herr von Lippeville wäre dann zu rechter Zeit in das Zimmer getreten, um den gekränkten Vater, den Rächer der entehrten Tochter zu spielen, und den armen Peter die Thorheit theuer bezahlen zu lassen. Bey meiner vielfachen Erfahrung aber (und ich war ja auch ein verheyratheter Mann) hielt ich mich mit diesem jungen Frauenzimmer gar bescheiden in den Schranken der Ehrbarkeit. Weil indessen, wie der Apostel Paulus und Yorick (ich weiß nicht, ob bey einerley Veranlassung, genug! sie erzählen es Beyde) versichern, daß der Teufel ein Wiedersacher ist, der nur Gelegenheit sucht, uns Schelmstreiche zu spielen; so fand ich nöthig, ein wenig auf meiner Hut zu seyn. Man hat doch im sieben und dreyßigsten Jahre (man müßte denn gar zu arg bey Höfen sich durchgelebt haben) auch noch Fleisch und Blut, wovon bekanntlich ersteres zu den drey geistlichen Feinden gehört, und letzteres, wenn es anfängt recht heftig zu laufen, leicht mit unsern Grundsätzen davon rennt. Desfalls versäumte ich nicht, aus Vorsicht, die Stubenthür, welche das hübsche Frauenzimmer noch in der Hand hielt, nachdem ich sie davon weggeführt hatte, sorgfältig — halb offenstehn zu lassen.

„Setzen Sie Sich nur einen Augenblick „wenigstens, mein schönes Kind!“ sagte ich — Sie that es, nach einiger verstellten Weigerung.

Ich habe es schon oft bemerkt, beste Leser! daß wenn uns Liebe zum Guten, oder Eigensinn, oder Nothwendigkeit, oder Furcht treibt, unser sinnliches Vergnügen gewissen Grundsätzen aufzuopfern, wir uns ungern begnügen, blos das stille Bewußtseyn zu schmecken, das Böse nicht gethan, sondern überwunden zu haben — Nein! wir wollen mehr, wir mögten herzlich gern zugleich etwas Gutes ausführen, so etwas Erhabnes, um durch den Kitzel, den uns eine große That macht, den Verlust zu ersetzen, den die bezwungne Sinnlichkeit an jenem entbehrten Genusse gelitten hat — So spielt bey uns immer eine Leidenschaft der andern einen Possen, und dreymal glücklich ist noch Der, welcher die Kunst versteht, dies Satanspack auf solche unschädliche Art an einander zu hetzen.

Hätte ich die Demoiselle ganz trocken mit dem Bescheide abgewiesen, daß ihr lieber Papa nicht bey mir sey, und dann freundlich hinzugesetzt: „Ich bedaure also recht sehr, „und empfehle mich gehorsamst," so hätte ich genug gethan; Aber sobald ich merkte, welches Handwerk sie triebe, und ich nun wohl einsah, daß ich mich aus Vorsicht in einiger Entfernung von ihr halten müßte; wollte ich mich für diese Verleugnung dadurch schadlos halten, daß ich mir den Ruhm erwürbe, etwas zur Besserung einer Verirrten beyzutragen. Ich faßte sie aus dieser Ursache freundlich bey der Hand, fragte sie: wie alt sie sey, womit sie sich beschäftigte, wie ihre Vermögensumstände wären, ob sie keinen

Liebhaber hätte, ob ich ihr in irgend einer Sache dienen könnte? u. d. gl. Sie drückte mir bey der letzten Frage dankbar die Hand, erzählte: sie sey neunzehn Jahre alt, lebe bey ihrer Mutter, die freylich nicht so reich wäre, daß sie sich auf den Fuß, comme les autres filles de mon état kleiden, und dadurch einem Manne gefallen könne. Zudem wolle sie nie heyrathen, liebe die Freyheit, und, setzte sie hinzu, wenn sie jetzt einen Bräutigam hätte; so würde sie es ja nicht wagen, bey einem so wackern Herrn allein im Zimmer zu seyn; dabey würde wenigstens sie ein Vergnügen entbehren, wenngleich mir daran wenig gelegen seyn mögte —

Ich fühlte, daß ich bald mit meiner Predigt hervorkommen müßte, wenn ich nicht das Concept aus dem Gedächtnisse verliehren sollte; also fieng ich herzhaft an: „Mein gutes Kind!“ sagte ich etwas vertraulicher: „Ich verstehe Sie vollkommen, „und bin zu sehr mit der Welt bekannt, um „nicht zu begreifen, daß es nicht eben Män„nerhaß ist, der Sie bewegt, gegen den Ehe„stand eingenommen zu seyn. Es ist wahr, „die Freyheit ist ein herrliches Gut, aber

„um gänzlich frey und unabhängig zu leben,
„muß man sich in bessern Glücksumständen
„befinden, wie Sie mir die Ihrigen schildern,
„sonst zwingen uns Mangel und Nothwendig=
„keit oft, von dem Willen reichrer Leute abzu=
„hängen, und wenn Diese alsdann für ihr
„Geld das Recht zu haben glauben, etwas zu
„fodern, das der Rechtschaffenheit entgegen
„ist; so können wir nicht wiederstehn. Reue
„nach der That, ein zerrütteter Körper, ein
„unmuthsvoller Geist, und im Alter Krank=
„heit, Elend, Verachtung und Verzweiflung
„sind dann gewöhnlich die Folgen einer
„solchen gefälligen Lebensart. Sehen Sie,
„meine Schöne! so weit kann Mangel füh=
„ren, wenn nicht Fleiß und Wachsamkeit
„dabey sind, und hat schon manche eben so
„blühende Wange" — Ich klopfte sanft an
die ihrige, denn nun hatte ich nichts mehr zu
fürchten. Ich glühete von Bekehrungsfeuer,
die Sinnlichkeit wurde durch den Stolz glück=
lich überschrien — Ich fuhr fort — „hat
„schon manche eben so blühende Wange
„bleich gemacht."

Sie schlug beschämt die Augen nieder,
und eine Thräne, auf welcher halb Schaam,

halb Verdruß schwamm, fiel auf ihre rechte
Hand, die ich in meiner linken hielt. „Laßen
„Sie Sich," sagte ich ferner: „durch dies
„Bild nicht ängstigen! Wie könnte ein so
„hübsches, gutes Frauenzimmer je Mangel zu
„fürchten haben, wenn Tugend und Arbeit-
„samkeit Ihre Schritte leiten? Der Ruf
„Ihrer Sittsamkeit wird von Ihrer kleinen
„Wohnung aus in die Nachbarschaft, und
„von da weit umher in die Stadt verbreitet
„werden. Bey jetziger Zeit, wo es der tugend-
„haften, häuslichen, edeln Weiber so wenig
„giebt, wird es Ihnen, wenn Sie zu diesen
„Wenigen gehören, gewiß nicht an reichen,
„braven und hübschen Freyern fehlen. Sie
„werden dann als Frau und Mutter das
„Glück einer ganzen Familie ausmachen,
„und wenn diese Reize verblüht sind, wird
„die Achtung und Ehrerbiethung Ihrer Freunde
„und Verwandten Ihnen eine neue Bahn von
„Glückseligkeit eröfnen, die, von keinen Ge-
„wissensbißen noch körperlichen Leiden unter-
„brochen, bis an Ihr Ende Sie begleiten,
„und noch nach Ihrem Tode Ihnen aus dem
„Munde Derer nachlallen wird, die Ihr
„Andenken segnen werden" — "Ah, Mon-
„sieur," rief sie aus: „Vous me percés

„le coeur! Plût au Ciel" — Sie konnte vor Rührung nicht weiter reden — „Nun, „mein gutes Kind!" sagte ich: „Statt dieser „augenblicklichen heftigen Empfindung wünschte „ich lieber, daß meine Worte bleibenden, „würksamen Eindruck auf Sie machen mögten. „Nehmen Sie" — Ich hatte einen kleinen Ring mit einem grünen Steine am Finger. Er war nicht von großem Werthe. Auf der inwendigen Seite stand mein Namenszug P. C. eingegraben. Gern bekenne ich es, daß, als ich ihn kaufte, ich halb und halb die Absicht hatte, ihn einst als den Preis einer schlechtern Handlung, wie die war, welche ich heute begieng, hinzugeben — „Nehmen Sie diesen Ring, als ein kleines „Andenken von mir an, und wenn Sie je „in Gefahr und Versuchung kommen sollten, „etwas zu thun, das den Grundsätzen ent= „gegen wäre, von deren Wahrheit Sie itzt „gerührt scheinen; so betrachten Sie den „Ring, und erinnern Sich der Ermahnungen „des Mannes, der es wahrhaftig gut mit „Ihnen meinte. Und nun, mein Töchterchen! „gehen Sie hübsch nach Haus, an Ihre Ar= „beit!" — Ich führte sie bis vor die Stuben=

thür, küßte sie auf die Backe, und machte die Thür hinter ihr her zu.

„Bravo! Peter Claus! Nun! da hast „Du doch einmal eine gute Handlung began„gen, und das macht Dich so froh, daß es „wohl der Mühe werth wäre, mehr dergleichen „zu thun, um ein so reines Vergnügen öfter „zu empfinden. Es ist wahr, wenn nicht „die Furcht gewesen wäre, Du könntest in „Verlegenheit gerathen; wenn das Mädchen „nicht des verteufelten Kerls Tochter — „Doch, sollte man die Quellen aller edeln „Handlungen, aller Aufopferungen unter„suchen — Genug! es ist geschehn, es ist „überstanden" —

Ich siegelte meinen Brief zu, schickte ihn fort, fand den Hauptmann unten, und sah etwa eine halbe Stunde nachher den Sieur Lippeville herankommen.

Unsre Mahlzeit war recht fröhlich. Das Bewußtseyn eine gute That gethan zu haben macht doch wahrlich so heiter, wie sonst nichts in der Welt. Unser Gast zeigte Anfangs ein
ziemlich

ziemlich zusammengesetztes Gesicht. Es schien, als wenn das Töchterlein ihm etwas von unsrer Unterredung erzählt haben mogte; Ich schwieg sorgfältig darüber. Nach und nach klärte sich indessen, bey einer Flasche Wein, die Mine des alten Sünders auf, und er fieng an, als er ein bischen im Kopfe hatte, auf unser Bitten, allerley Scenen aus seinem Leben zu erzählen.

Da kam nun in Wahrheit tolles Zeug zum Vorschein. Er hatte sich, wie es schien, von Jugend auf, um des leidigen Geldes willen, zu allem misbrauchen lassen. Als er Bedienter bey dem französischen Husarenofficier war, * da hatte er im Felde tapfer fouragieren helfen. Der Officier warb hernach um eine reiche Kaufmannstochter, und da musste Lippeville seinem Herrn helfen, den wohlhabenden französischen Marquis zu spielen. Er wurde nebst einigen andern losen Buben verkleidet, die Rollen von Kammerdienern, Leibjägern u. s. f. zu machen. Dann schrieb er falsche Briefe, im Namen der Verwalter von den Gütern des Officiers (die aber im

---

* Man sehe im ersten Theil! Seite 108.

Monde lagen) in welchen sie ihm meldeten, wie viel sie in diesem Jahre eingenommen, verbauet, an Pensionen ausgezahlt und baar überschickt hätten. Der alte Schwiegervater ließ sich dadurch täuschen, und gab die Tochter, welche indeß schon im Voraus für die Fortpflanzung der Familie gesorgt hatte, dem windigen Husaren, der nichts mehr und nichts weniger war, wie ein Aventurier und Spieler.

Lippeville fieng während dieser Zeit an, mit seiner gnädigen Frau vertraut zu werden, wurde mit ihr ertappt, herzhaft abgeprügelt, und fortgejagt.

Darauf half er sich als Kammerdiener an bey dem dänischen Gesandten in Paris, lernte dazumal das bischen Dänisch reden, welches ihm jetzt so großen Vortheil bringt, führte dem Herrn Gesandten Maitressen zu, welches herrliche Talent ihm die Secretairsstelle bey einem Cardinal verschaffte, bey einem Herrn, der weder recht lesen noch schreiben konnte, und ausser den Stunden, die er im Schlafe, am Tische, und in dem liebreichen Umgange mit einigen siebenzehnjährigen Knaben

zubrachte (vermuthlich um ihren Geist zu bil=
den) seine Hauptbeschäftigung seyn ließ, Flie=
gen zu fangen, denselben die Flügel auszurei=
sen, und papierne Figuren auf ihren Rücken
zu kleben, mit denen die armen geplagten
Thiere, zur grössten Freude Seiner Eminenz,
herumwackeln mußten. Hiebey stand sich Lip=
peville vortreflich, gieng mit dem Cardinal
nach Italien, sah dort alles, was nur zu
sehn war, rutschte die Scala santa auf den
Knien hinauf, und gieng endlich, als com-
pagnon de voyage et de débauche, mit
dem Vetter Seiner Eminenz, unter dem Namen
des Capitaine de Lippeville, auf Reisen.

Nach dem Tode dieses jungen Herrn, der
in Aachen an einer sehr galanten Krankheit
starb, theilte er mit den Domestiken desselben die
besten Sachen des Verstorbnen, und gieng
sodann nach Spaa, wo er am Pharaotische
seine ganze Baarschaft sitzen ließ, bis auf die
Leibrente nach, von der wir aber gehört haben,
daß er auch diese in der Folge verlohr.

Auf welche Art er sich unterdessen durch
die Welt half, das haben wir im siebenten
Capitel des ersten Theils gehört.

Es war schon beynahe Mitternacht, als wir auseinander giengen, und den folgenden Tag wendeten wir an, mit Lippeville durch die wahrhaftig schöne Stadt Koppenhagen zu spazieren.

Auch hier fand ich die Erfahrung bestättigt, daß man weit in der Welt umhergefahren seyn kann, ohne desfalls den geringsten Nutzen von diesen Reisen zu ziehn. Hätten wir einen Mann von Kenntnissen bey uns gehabt; so würde uns derselbe, obgleich die Zeit so kurz war, dennoch auf manches aufmerksam gemacht haben, das uns einen Begriff von dem Nationalcharacter, den Sitten und dem Grade der Aufklärung der Einwohner hätte geben können. So aber, mit den Augen, womit der alte Landläufer alle Dinge ansah, war uns seine Führung nicht mehr wie die eines Lehnlakayen werth. Da sahen wir das Wahrzeichen der Stadt, die Bildsäule der Leda, welche zwischen Koppenhagen und Christianshaven, auf der Insel Amac, im Wasser steht, beschaueten die Citadelle Friedrichshaven, gafften das prächtige, wahrhaftig sehenswerthe Schloß in der Altstadt, wie die Kuh das neue Thor, von aussen an, betrachteten die Schandsäule auf dem Uhlefeldsplatze, die ich lieber nicht gesehn hätte, und würden nicht einmal das berühmte Hospital Wartow besucht haben, wenn nicht ich, der ich gern mich meiner Menschlichkeit erinnere, die Gewohnheit hätte, in jeder Stadt nach den Hospitälern und Tollhäusern zu fragen. Das, wovon ich hier rede, verdient vorzüglich Aufmerksamkeit. In mehr als dreyhundert Betten — Doch, ich habe Ihnen ja schon im vorigen Capitel versprochen, daß ich Sie mit einer genauen Beschreibung von Koppenhagen verschonen wollte, und ein ehrlicher Mann hält Wort —

Nachdem wir ziemlich ermüdet des Abends zu Hause kamen, nahmen wir Abschied von unserm Führer, und bestiegen des folgenden Morgens früh um fünf Uhr das Schiff, um nach Holland zu segeln.

Siebentes Capitel.

Auf der Reise wird das Manuscript wieder hervorgesucht.

Es thut mir in der Seele weh, daß ich bey dieser Seefahrt meinen Lesern nicht wiederum mit einer so poetischen Beschreibung eines Sturms andienen kann, als diejenige war, womit ich Ihnen vor meiner Ankunft in Koppenhagen aufgewartet habe. Aber es ist wahrlich meine Schuld nicht, daß es diesmal so schönes Wetter war; daß am Tage die glänzende, majestätische Sonne über die unermeßliche Fläche des Meers hin ihre weiten durchdringenden Blicke warf; indeß die kleinen Wellen, voll Wonne ihre Strahlen auffangen zu dürfen, erquickt sich fortwälzten, und einander im unschuldig muthwilligen Spiele zu jagen schienen; die stillen Bewohner des nassen Abgrundes aber, durch die Anmuth der wärmenden Luft gereizt, um unser schwimmendes Haus herum scherzten, das mit kühnem Ernst dahinflog, und lange Furchen schnitt, welche von dem geschäftigen Wasser schnell wieder ebengemacht wurden, bis der bescheidne Abend herankam, aus welchem die ermüdete Natur neue Federkraft und labende Kühlung einsog, indem er mit sanfter Feuchtigkeit das Feuer des strengen Elements dämpfte, wie das gefällige Zureden eines Freundes die Hitze des heftigern lebhaftern Bruders mäßigt; da dann der halbe Erdball, von der Arbeit und den Freuden des Tages auszuruhn, eine Pause machte, und die heitern Sterne, mit funkelnden Augen, bey dem Bette der schlummernden Hämisphäre wachten. —

Nun, bey meiner Seele! Das war doch vortreflich gesagt! Nicht wahr? Nun schenken Sie mir doch den Sturm? Finden Sie wohl solche herrliche Bilder, seitdem die asiatische Banise nicht mehr gelesen wird, in irgend einem unsrer teutschen Romane? O! und wenn ich Verse machen wollte, da sollten Sie erst Wunder sehn. A propos! Ich denke nächstens ein Bändchen voll von solcher Waare auf Pränumeration herauszugeben — Allein wir kommen von meinem Roman ab, der wohl verdient, daß man noch etwas darüber sage. Bey so mannigfaltigen Schönheiten wollten Sie ihn nicht allen andern Büchern vorziehn, nicht glauben, daß es der Mühe werth sey, diesen Roman, mit einem kaiserlichen Privilegio in der carlsruher Sammlung nachdrucken zu lassen, wenn auch tausendmal mein Verleger, der mich gut bezahlt hat, dagegen schrie, eine solche Operation für Diebstahl und das Privilegium für erschlichen hielte? — O! dann hätten Sie wahrlich weder Geschmack, noch Begriffe von Billigkeit! — Doch, ich ereifre mich; Fahren wir in unsrer Geschichte fort! —

Auf der vorigen Seite habe ich soviel sagen wollen, daß wir hübsches Wetter hatten, und daß uns also nichts abhielt, glücklich nach Holland zu kommen.

Da mir aber unterwegens die Zeit im Schiffe ein wenig lang vorkam, obgleich wir Punsch tranken, à l'hombre spielten, und Tabak rauchten; zog ich gegen Abend wieder mein Manuscript hervor, und las, was folgt:

Weitre Erzählung des Herrn Bricks.

„Als ich endlich aufwachte, befand ich
„mich an eben dem Orte, wo ich zuerst aus
„meinem Nachen gestiegen war, und zwar
„so hungrig wie möglich. Jetzt schien mir
„alles, was ich gesehn und gehört hatte,
„ein Traum zu seyn." „Sollte es," dachte
ich, „möglich seyn, daß ich, aus Ermattung
„und Müdigkeit, in einen so heftigen Schlaf
„verfallen wäre, daß die beyden Personen,
„von denen es mir vorkam, als wenn sie bey
„meinem Erwachen vor mir gestanden wären,
„mir nur der geschäftigen Phantasie nach
„erschienen wären, und daß Morpheus mir
„den häßlichen Streich gespielt hätte, das
„ganze Bild eines unschuldigen Volks nur
„im Schlafe vor meine Augen zu stellen?" —
„Wer wird es wagen, meine Freunde! zu
„entscheiden, ob es würklich also gewesen
„ist, oder nicht? Ihr wißt, wie wenig Ge-
„wißheit in unsern Vorstellungen, selbst bey
„ofnen Augen, im Sinnlichen und Intel-
„lectuellen herrscht. Und wie soll man es
„anfangen, Andre zu überzeugen, daß das
„würklich existire, was wir gesehn zu haben
„vorgeben, da Ihr täglich wahrnehmen

„könnt, wie die klügsten Menschen sich ein=
„ander Dinge abstreiten, die Viele von ihnen
„genau bemerkt und geprüft zu haben vorge=
„ben? Sieht Der, dessen Augen weit in
„die Ferne tragen, nicht würklich Dinge,
„welche für den Blödsichtigen gar nicht exi=
„stiren? Sieht der Mann mit dem Fernrohre
„nicht noch eine andre Welt? Soll hier die
„Uebereinkunft Mehrerer entscheiden? Ja,
„dann muß das Heer der Geisterseher und
„Geisterglauber gegen die Armee Derer, die
„dergleichen leugnen, entscheiden. Soll das
„Urtheil der Scharfsichtigern das Uebergewicht
„geben? Wer wird sich dann nicht dafür
„halten wollen? Genug! ich glaube noch
„immer, das alles erlebt zu haben, und
„wer es nicht mit mir glauben will, der reise
„selbst hin, auf Gefahr gleichfalls, wenn
„er zurückkömmt, für einen Windbeutel
„gehalten zu werden. Mir wäre es wahr=
„lich fast lieber, wenn es nur ein Traum
„gewesen wäre; denn einen so seligen Wohn=
„ort gefunden zu haben, und ihn gleich
„wieder verlassen zu müssen — Das ist
„keine angenehme Sache! Höret indessen
„weiter!" —

„Ich befand mich auf demselben Platze
„wieder, auf der Erde liegend, und vor
„Hunger schmachtend. Sobald ich mich aber
„von meinem Lager erhoben hatte, um die
„Gegend umher zu durchschauen, sahe ich,
„zu meinem grössten Erstaunen, daß das
„Land nicht, wie es mir vorher geschienen,
„unbebauet, sondern, von allen Seiten her
„weit hinaus, an Flüssen, Bergen, Wäl=
„dern und Thälern, eine Aussicht voll großer
„Städte und Dörfer in Menge darstellte: —
„Wie, in aller Welt, kömmt denn das?
„Sollte man doch meynen, ich sey an der
„Küste von Europa! Aber was geht es mich
„an? Frisch darauf losgegangen! — Mein
„Hunger trieb mich ohnehin, Nahrung zu
„suchen. Ich schlich etwa hundert Schritte
„fort, als ich an einen umzäunten Garten
„kam, der voll von Obstbäumen stand. Nun
„konnte ich der Begierde nicht wiederstehn,
„etwas davon zu geniessen, um der Stimme
„meines bellenden Magens zu gehorchen; Ich
„stieg also über den Zaun, und brach einen
„großen Apfel ab, in welchen ich begierig
„hineinbiß. Aber kaum hatte ich das gethan,
„als hinter mir eine fürchterliche Stimme
„erscholl:" „He! Du verwünschter Dieb!"

rief es in der gewöhnlichen Sprache der südlichen Inselbewohner, „Dich soll ja die böse „Krankheit befallen, Du Himmelhund, Du! „Was machst Du in meinem Garten?" „Ich sah mich schnell um; da stand hinter „mir ein Mann, vom Kopfe bis zu den „Füßen bekleidet, und das auf eine so unna„türliche Art, daß ich mich zum höchsten „darüber verwunderte; denn sein Anzug „bestand nicht nur aus unzähligen klei„nen Stücken, so daß fast jedes Glied des „Körpers mit einem einzelnen Fetzen bedeckt „war, welches besonders angeheftet werden „mußte, sondern das Ganze machte auch „ein so wiedriges Ansehn, daß dadurch alle „Schönheit des Körpers, alle Form, aller „Wuchs verunstaltet wurde." „Lieber Mann! sagte ich, „verzeyhet mir! Ich habe in so „langer Zeit nichts gegessen. Nagender „Hunger trieb mich, in Euer Eigenthum zu „greifen. Zudem bin ich fremd hier, wußte „nicht, wem dieser Fleck gehörte, da ich „gewöhnt bin unter Menschen zu leben, „die, was Gott wachsen läßt, wie ein „gemeinschaftliches Gut seiner Creaturen „ansehen."

Der Mann. „Ja! da hat sich was
„zu gemeinschaftlich! Wir müssen schwere
„Abgaben entrichten. Wovon wollte sonst
„unser Erif" (so nennen die Einwohner ihre
Fürsten) „die raren ausländischen Thiere füt-
„tern, die er weit herkommen läßt, um damit
„zu spielen, und sie tanzen zu lassen?"

Ich. „Ist das möglich? Und desfalls
„müßt Ihr Alle vielleicht darben, arbeiten,
„schwitzen, und einem hungrigen Fremden
„einen Bissen zur Labung versagen, damit
„Euer Erif in seinem kindischen Vergnügen
„nicht gestöhrt werde?"

Der Mann. „Nun gemach! Herr
„Fremder! Diesmals halte ich's Euch zu
„Gute; aber redet ein andermal mit mehr
„Ehrerbietung von unserm gnädigen Herrn!
„Was hilft auch das alles? Es ist wohl
„wahr, ein Knabe ist ein Knabe, und unser
„Herr ist erst zehn Jahr alt — Aber kommt
„nur mit herein, wenn Ihr würklich in lan-
„ger Zeit nichts genossen habt! Es wird sich
„ja noch wohl etwas finden, um Euch zu
„erquicken."

„Wir giengen zusammen in seine Hütte,
„wo es nun in der That armselig genug
„aussah. Slechter Hausrath, ein Weib mit
„sechs Kindern in zerrissene Lumpen gekleidet;
„in der Ecke ein Lager für sie Alle, von
„dürrem Laube."

Der Mann. „Wundert Euch nicht,
„daß es hier so kümmerlich aussieht! Wir
„waren auch einmal in bessern Umständen,
„aber die Menge der Auflagen, die wir
„bezahlen müssen, hat gemacht, daß wir ein
„Stück Hausrath nach dem andern haben für
„herrschaftliche Abgaben hingeben müssen*.
„Hier habt Ihr ein Stück von unserm
„gewöhnlichen Nahrungsmittel." („Es war
„ein Teig, aus kleingeriebenen Körnern eines
„Staudengewächses mit Wasser zusammen-
„geknätet, und dann in einem Ofen gedörrt.")
„Esset, so viel Euch schmeckt! Die Götter
„werden es uns ersetzen. Ihr glaubt doch
„an die Götter?"

---

* „Ich bediene mich hier und in der Folge der euro-
„päischen Terminologie, und werde, um verständ-
„lich zu seyn, die Namen: Fürsten, Minister,
„Beamte u. s. f. brauchen."

Ich. „An Einen wenigstens! Wie „könnt Ihr das fragen?"

Der Mann. „Ja! ich meinte nur so. „In der Stadt glaubt kein Mensch mehr „daran, und deswegen werden wir auch so „gedrückt; denn wenn die Leute dort bedäch= „ten, daß die Götter die Bosheit bestrafen; „so würden sie nicht so grausam mit uns „umgehen. Sehet nur an! Diesen Teig, „den Ihr da genießt, habe ich selbst gemacht, „denn ich ziehe die Körner dazu auf meinem „eignen Acker, aber von jedem Gefäß voll, „das ich abpflücke, muß ich einen kleinen „Stein Abgabe entrichten." *

Ich. „Aber, wie in aller Welt könnt „Ihr das leiden? Ihr sagtet vorher, Euer

---

* „Eine gewisse Art seltener Steine, die tief in der „Erde lagen, und welche die Sclaven, mit Gefahr „ihres Lebens, aus den Gruben herausholen „mußten, vertraten die Stelle des Geldes. Wenn „aber ein Unterthan dergleichen fand, mußte er „sie abliefern, denn alle gefundene und nicht gefun= „dene Steine gehörten dem Fürsten, obgleich er „selbst keinen einzigen suchte, und mancher Sclave, „welcher die Gruben durchwühlte, darinn umkam."

„Herr sey ein Knabe. Es ist ja aber wieder
„die Natur, daß man einem Kinde gehorche,
„und daß so viel tausend Menschen sich quä-
„len, um einem Jungen sein närrisches Spiel-
„werk zu bezahlen. Gebet doch dem Lümmel
„die Ruthe, und wählt Euch einen alten
„verständigen Mann zum Oberhaupte."

Der Mann. „Ach! das versteht Ihr
„nicht! Man sieht wohl, daß Ihr ein
„Fremdling seyd. Sobald der alte Fürst tod
„ist; ist der kleine Sohn gleich wieder Herr."

Ich. „O! ich kenne das; aber es bleibt
„immer eine närrische Einrichtung. Wenn
„Ihr davon zufrieden seyd; so kann ich es
„leiden; Wenn aber die Mehrsten darüber
„klagen; so muß der größere Theil aufheben
„dürfen, was sich nur durch seine Nachsicht
„hat einschleichen können. Welche Unver-
„nunft, einem Kinde zu gehorchen, das
„vielleicht noch nicht reden kann!"

Der Mann. „Ey nun! reden kann
„der Unsrige schon, aber er regiert auch nicht
„eigentlich, sondern da ist die Mutter, ein
„Priester und der oberste Mundkoch; Diese
„Drey

"Drey machen alles, was sie gutdünkt, in
"des armen unmündigen Fürsten Namen;
"Da müssen wir dann freylich immer Haar
"laſſen, bezahlen, was wir nur aufbringen
"können, und das alles unter dem Vor-
"wande, des Prinzen rare Thierchen zu
"ernähren, im Grunde aber lebte die alte
"Mutter mit ihrem Prieſter und oberſten
"Koche davon."

Ich. "Nun! da lobe ich mir doch mein
"liebes Vaterland. Das ſind ja unerhörte
"Dinge, die Ihr mir da erzählt."

Der Mann. "O! das iſt noch nichts.
"Wenn Ihr weiter ins Land geht, da werdet
"Ihr noch ganz andre Sachen hören."

Ich. "Behüte Gott! Lebet wohl! Seyd
"herzlich gedankt für Eure Gaſtfreundſchaft!
"Der Himmel vergelte es Euch! — Ich kann
"es nicht — Wollt Ihr aber jetzt das Maaß
"Eurer Wohlthaten voll machen; ſo führt
"mich bald möglichſt über die Grenze!"

Der Mann. "Dazu braucht Ihr nicht
"weit zu gehn, und wenn Ihr recht ſchnell

„fortwandert; so könnt Ihr vor Abends „noch die Länder von vier Herrn durchreist „seyn, die alle das Recht haben, Euch „ungestraft den Kopf abschneiden zu lassen, „wenn Ihr etwas redet, das ihnen nicht „gefällt."

Ich. „Schon gut! Also vier Länder? „Da werde ich doch eines antreffen, worinn „glückliche Menschen leben — Auf Wieder= „sehn, guter Freund!"

„Ich gieng nun gräde fort, und war in „wenig Augenblicken in einem fremden Lande:" „Aber sagt mir doch," rief ich einem Bauern zu, der traurig auf dem Felde stand: „sagt „mir doch, mein Freund! Warum sieht denn „dies Feld so verwüstet, so leer aus? Habt „Ihr Krieg?" „Ach nein!" erwiederte der Bauer, „das haben die großen wilden Mäuse „in dieser Nacht gethan." — „Ist denn „kein Mittel," fragte ich, „diese auszu= „rotten?" — „Bey Leibe nicht," erwiederte er, „das ist des Fürsten größtes Vergnügen. „Er läßt sie aus allen Gegenden hier zusam= „mentreiben. Keiner von uns darf einer „derselben Leid zufügen. Morgen aber wird

„eine große Jagd gehalten. Da kömmt der
„Fürst selbst. Ein schöner und freundlicher
„Herr! Und dann müssen eine Menge Scla=
„ven auf unsern Feldern hinter den Mäusen
„herlaufen, um einige zu fangen. Wer drey
„fängt, der ist frey; Wer aber diese Zahl
„nicht bringt, der muß so lange laufen, bis
„er tod dahin fällt; Da lacht dann der gute
„Herr so herzlich; Ihr könnt es gar nicht
„glauben" — „So hol' ihn der Henker mit
„seinem Lachen!" schrie ich: „Geschwind
„zeiget mir, wo ich am nächsten über die
„Grenze komme!" „Er wies mich zurecht,
„und ich gieng weiter."

„Sobald ich in das benachbarte Land
„kam, sah' ich auf der Grenze einen Mann
„stehn, welcher in der Hand Bogen und
„Pfeile hielt und mir mit fürchterlicher Stimme
„zurief:" „He! halt! Wer bist Du? Hülfe,
„Cameraden! Der Feind ist da! Tod, Ver=
„derben, Pestilenz! Gleich sage an, wer
„bist Du?" — „Ich bin ein unschuldiger,
„wehrloser Reisender," gab ich ihm zum Ver=
scheide — „Nun so gehe Er dann nur hin,
„mein Freund! guten Tag!" Ich gieng
lächelnd fort. „Aber sage Er mir doch,"

sprach ich, und kehrte wieder um, „was macht
„Er dann da für einen höllischen Lerm? Ist
„der Feind hier im Lande?" „Ey nicht doch,"
antwortete der grimmige Bewafnete, „Er
„sieht ja wohl, daß keine Sehne an meinem
„Bogen ist. Das geschieht nur so, um nicht
„aus der Uebung zu kommen, wenn es ein=
„mal Krieg geben sollte. Der Fürst ist ein
„Liebhaber davon. Es thut ihm zwar kein
„Mensch nichts zu Leide; Aber das ist nun so
„seine Freude. Des Nachts springt er vom
„Lager auf und schreyet: He da! Feinde!
„Mordbrenner! schiesset und hauet alles tod!
„Und so müssen wir's denn auch machen" —
„Und dafür werdet Ihr wohl gut bezahlt?" —
„So So! Einen Tag um den andern bekom=
„men wir ein großes Stück Teig, davon
„müssen wir aber die Hälfte anwenden,
„kleine Kügelchen daraus zu kneten, womit
„wir uns des Morgens eine Stunde lang
„zum Zeitvertreibe werfen müssen. Versteht
„Er? das sollen Steine vorstellen, so einen
„kleinen Krieg; Der Fürst macht es selbst
„mit. Den folgenden Tag hungern wir
„dann; dagegen aber haben wir an demsel=
„ben auch nichts zu thun. Hätte Er wohl
„nicht Lust, auch so ein Mann zu werden,

„als ich bin? — „Bewahre der Himmel,
„mein guter Mensch! Gott befohlen! Ist's
„noch weit bis in das Nachbarland?" „Nein!
„gleich hier." „Als ich fortgieng, rief er
„noch einmal:" „He Cameraden! paßt auf!
„Der Feind! Tod! Verderben! Pestilenz!" —
„Adieu! mein Freund!"

„So sollte man doch meynen," sagte ich
zu mir selbst: „ich sey in ein Land voll von
„Narren gerathen? Doch hier wird es viel-
„leicht besser hergehn. „Aber wer winselt
„denn da?" Es war ein armes Weib, das
„jämmerlich klagte: man habe ihren einzigen
„Sohn aus ihren Armen gerissen, um ihn
„dem Fürsten zu schicken; Dieser Sohn sey
„ihr süßer Trost gewesen, habe für sie und
„zwey unmündige Schwestern, seit des
„Vaters, ihres Mannes Tode, so treulich
„gearbeitet, daß Alle ihren Unterhalt davon
„gehabt hätten; Jetzt müsse sie, mit ihren
„schwachen Händen das Feld selbst bauen,
„da sie nicht in den Umständen sey, einen
„Sclaven anzuschaffen noch ernähren zu können.
„Dennoch dauerten die schweren Abgaben
„fort, welche auf die Felder vertheilt wären,
„obgleich man sie des Mittels beraubt habe,

„das ihrige zu bauen. Ich fragte die Frau,
„wozu dann der Erif ihres Sohns so noth=
„wendig bedürfte? Sie wunderte sich, daß
„mir das unbekannt seyn könnte — Und
„wozu meinet Ihr wohl, meine Freunde!
„daß er ihn gebraucht hätte? Es ist schwer
„zu rathen; Ich will es Euch sagen: Er
„hielt sich zwanzig tausend Leyerspieler, die
„Alle von einerley Größe und Ansehn seyn
„mußten. Da nun sein Ländchen klein war;
„so kostete es freylich Mühe, so viel ähn=
„liche Leute zusammenzutreiben. Fremde hätte
„er in Menge bekommen können; aber die
„hätte er bezahlen müssen, statt daß diese
„umsonst leyern mußten. Nun sahe freylich
„in seiner Stadt alles lebhaft und prächtig
„aus, und die Gassen wimmelten von —
„Leyerspielern. Aber desto ärmer und kläg=
„licher war der Zustand auf dem Lande.
„Weiber mußten das Feld bauen, obendrein
„schwere Abgaben bezahlen; und wenn Eine
„einen guten Bissen hatte; so entzog sie sich's
„lieber, und trug ihn zu ihrem Sohne,
„Bruder, oder Vetter, in die Stadt, damit
„der arme Leyerspieler nicht verhungerte —
„Ja! da seht Ihr, wie die Fürsten dort so
„ihre eigne Grillen haben! Bey uns in

„Europa ist es gottlob! ganz anders. Indem
„nun also der Kern der nützlichsten Menschen,
„mit Gewalt zu elendem Spielwerke abge-
„richtet wurde; fiel bey dem kleinen Völkchen
„aller Muth, aller Erwerb, aller Fleiß weg.
„Sie wurden nach und nach an das Elend
„gewöhnt und waren oft froh, wenn sie nur
„noch leyern konnten; Denn wenn ein
„unglücklicher Zufall ihnen ihre Gesundheit
„raubte, oder der Erif das Gesicht irgend
„eines seiner Leyermänner nicht mehr leiden
„konnte; jagte er Diesen fort, und überließ
„ihm die Wahl, auf seine Gefahr, zu steh-
„len, oder zu verhungern. Ihr werdet mich
„fragen, ob denn dieser mächtige Leyer-
„beschützer ein so großer Tonkünstler gewesen?
„Gar nicht, meine Freunde! Er verstand
„nichts von Musik, und niemand konnte
„begreifen, zu welchem Endzwecke er diese
„Leute um sich her dudeln ließ. Ihr könnt
„Euch leicht vorstellen, daß auch in diesem
„Lande meines Bleibens nicht lange war;
„Ich ließ mich bald möglichst hinausleyern;
„Allein es gieng mir sehr schlimm; Denn
„obgleich die Regierung dafür sorgte, daß
„es nicht an armen Leuten, wohl aber an
„Mitteln fehlte, etwas durch Fleiß und

„Arbeit zu erwerben; so hatte sie doch zu=
„gleich die weise Einrichtung getroffen, daß
„gar keine Bettelleute geduldet wurden.
„Sobald sich ein Mensch blicken ließ, der
„Andre um Hülfe ansprach; wurde derselbe
„durch eine Wache von Ort zu Ort bis über
„die Grenze begleitet — Gewiß eine herr=
„liche Einrichtung, sich so viel Impunität zu
„verschaffen, daß, wenn man jemand den
„Geldbeutel gestohlen hat, er es nicht einmal
„wagen darf, sich die Rückgabe eines kleinen
„Theils zu erbitten! — Zum Glück war,
„wie ich schon gesagt habe, daß Land nicht
„groß, denn sonst hätte man einen Menschen
„so lange spazieren führen können, bis er
„aus Hunger und Ermattung tod hingefallen
„wäre. Beynahe wäre es mir also gegan=
„gen; Ich hatte mich ein wenig zu heftig im
„Gehn angegriffen, so daß ich in einem Orte
„krank vor der Thür eines Hauses nieder=
„sank, in welchem ich Ruhe und Hülfe
„suchen wollte. Die Obrigkeit ließ mich
„sogleich auf ein Fahrzeug packen und meines
„Bittens ungeachtet, bis an das nächste Dorf
„bringen, woselbst man mich eben so behan=
„delte, und dies so fort, bis ich in eines
„andern Herrn Lande war, da man mich

„dann ganz sanft auf Gottes Erdboden, im
„freyen Felde hinlegte. Kraftlos und mis:
„müthig lag ich hier eine Stunde, unfähig
„mich bis zum nahegelegnen Orte zu schleppen,
„als endlich ein freundlicher, ziemlich gut
„gekleideter alter Mann vorbeygieng, mich
„da liegen sah, sich Meiner erbarmte, mich
„fort, und in seine Wohnung führte. Dieser
„redliche Mann verpflegte mich auf das Beste,
„und in vier und zwanzig Stunden war ich
„wieder ziemlich bey Kräften."

„Ich fieng nun an, meinem Wohlthäter
„herzlich für meine Errettung zu danken.
„Ohne ihn wäre ich das Opfer der guten
„Policey des obersten Leyerbeschützers gewor:
„den. Nun muß ich Euch doch auch den
„Mann beschreiben, der mich so menschen:
„freundlich errettet hatte. Er war, was
„man bey uns Schulmeister nennt; Er unter:
„wies die Jugend auf dem Lande, und das
„that er mit seltner Geschicklichkeit, Treue,
„und Einfalt. Er lehrte die Kinder früh,
„ihre Pflichten kennen, und die Beruhigung
„lebhaft empfinden, welche man hat, wenn
„man recht und gut und edel handelt. Zu:
„gleich gewöhnte er sie an Fleiß und Genüg:

„samkeit, und bildete auf diese Art den
„wichtigsten Stand, der alles erwerben,
„alles tragen muß, auf dem die ganze Wohl=
„fahrt des Staats beruht, das Landvolk,
„zu guten, mit ihrem Zustande zufriednen
„Menschen. Also war dieser Mann eine der
„wichtigsten Personen im Staate, und es
„fiel mir auch nicht anders ein, als daß,
„vom Fürsten bis zum Bettler, Jeder ihn
„also behandeln, und mit Ehrerbiethung sich
„gegen einen Menschen betragen würde, der
„den Grund zu einer bessern, glücklichern
„Generation legte — Aber wie sehr irrte ich
„mich! — Der Fürst, welcher, in rauschen=
„den Freuden und Wollüsten ersäuft, sorglos
„über seine heilige Pflicht, nur darauf bedacht
„war, alles von sich zu entfernen, was ihm
„hätte ernsthafte, vernünftige Gedanken
„erwecken können, unterhielt einen Haufen
„von Luftspringern, die täglich vor ihm ihre
„Kunststücke wiederholen mußten. Diese Leute
„wurden reichlich besoldet und geehrt, ja!
„die erste Luftspringerinn bekam fünf und
„neunzigmal mehr zum Unterhalte gereicht,
„als der Lehrer des Landvolks. Dabey war
„dieser Schulmeisterstand ein so verachtetes
„Amt, daß ich offenbar sehn konnte, als

"mich mein Wohlthäter, wie Ihr nachher
"hören werdet, mit in die Stadt nahm, wie
"geringe man diesen würdigen Mann behan-
"delte, wie er nirgends in vornehme Häuser
"Zutritt hatte, wie er aller Orten unter dem
"Pöbel mit fortgedrängt wurde, und wie
"überhaupt in diesem großen Lande die Be-
"dienungen und Stände, nicht nach dem
"Grade der Nützlichkeit, welchen sie für den
"Staat hatten, sondern nach gewissen Vor-
"urtheilen geschätzt und belohnt wurden. Da
"war es dann sehr natürlich, daß sich wenig
"Männer von Talenten zu Besetzung der
"höchst wichtigen, aber verachteten Stände
"fanden, und daß man desfalls gewöhnlich
"zu einem Schulmeister Denjenigen nahm,
"der dies Amt um den geringsten Preis
"annehmen wollte. Es wurden dann solche
"Stellen mit Unwissenden, Nichtswürdigen
"besetzt, oder wenn ja ein geschickter Mann,
"durch sein gutes Herz, durch seinen Hang
"zu diesem edlen Geschäfte, oder durch
"Armuth getrieben, sich entschloß ein Lehrer
"des Landvolks zu werden; so schnitt ihm
"seine Lage die Mittel ab, seine Talente
"weiter zu entwickeln, und er mußte wohl
"gar, um leben zu können, nebenher irgend

„eine rauhe, niedrige Handarbeit treiben.
„Zu Abschaffung dieses Unwesens wurde nun
„so wenig Anstalt gemacht, daß die Lehrer
„des Volks gar nicht unter genauerer Aufsicht
„der Regierung standen, welche sich mit
„solchen Kleinigkeiten nicht abgab. Sie
„waren dagegen einer Classe von Leuten unter-
„geordnet, die sich mit Gewalt in den Besitz
„gesetzt hatten, für die wahren Priester der
„Gottheit zu gelten. Da Diesen nun daran
„gelegen war, das Volk dumm und voll von
„Vorurtheilen zu erhalten; so läßt sich leicht
„begreifen, daß sie die Aufklärung und weise
„Erziehung so viel möglich hinderten. Sie
„setzten daher zu den Lehrern des Landvolks
„mehrentheils ihre Creaturen, welche ihre
„Plane bey dem Unterrichte der Kinder beför-
„dern mußten, oder die allerdümmsten Men-
„schen an. Auch war eine Form vorgeschrie-
„ben, nach welcher der Unterricht eingeleitet
„werden mußte, und statt die guten Kinder
„auf die Süßigkeit der gesellschaftlichen
„Pflichten und auf die Schönheiten der wohl-
„thätigen Natur aufmerksam zu machen,
„mußten sie funfzehn Jahre lang gewisse,
„von eigennützigen und listigen Menschen,
„zum einträglichen Betruge zusammengeflickte,

„unverständliche Systeme auswendiglernen.
„Und wehe dem Knaben, der hier seine
„Vernunft gebrauchen wollte! Wehe dem
„Lehrer, der nach einer andern Methode
„verfuhr! Er wurde im Namen der barm-
„herzigen, gütigen, duldenden Gottheit bis
„in den Tod verfolgt. Würklich war auch
„mein Hauswirth schon in das schwarze Re-
„gister dieser Bonzen eingeschrieben, und
„mußte allen Ruf seiner Rechtschaffenheit,
„alle seine Klugheit aufbiethen, den Schlin-
„gen zu entgehn, welche man seiner Hetero-
„doxie (das heißt dort so viel wie gesunde
„Vernunft) legte. Die Vorschriften, nach
„denen das ganze große Land leben mußte,
„und welche jene Bonzen erfunden und dem
„Erif selbst zur Befolgung aufgezwungen
„hatten, giengen so weit, daß man an
„gewissen Tagen nicht einmal allerley genies-
„sen, noch sich mit nützlichen Dingen beschäf-
„tigen durfte."

„Ein Stamm der Unterthanen allein
„sonderte sich von diesen Gebräuchen ab. Die
„Glieder desselben waren einmal in dem Be-
„sitze, ihre eigne Ueberzeugung bey Regierung
„ihrer Handlungen zu Rathe ziehn zu dürfen.

„Aber dafür wurden sie auch auf die grau=
„samste Weise gedrückt, mussten beynahe von
„der freyen Luft, welche sie einathmeten, eine
„Abgabe entrichten, wurden allgemein ver=
„ächtlich, niedrig behandelt, und unfähig
„gehalten, irgend einen Stand ergreifen zu
„dürfen. Man würde sie, glaube ich, Alle
„ausgerottet haben, wenn nicht der Eigen=
„nuß seine Rechnung bey diesen Leuten
„gefunden hätte; Denn, so sehr man sie
„auch drückte; so blieben sie doch im Lande,
„lebten still, in den Sitten ihrer Väter, misch=
„ten sich in keine Staatshändel, ertrugen alles
„geduldig, waren höchst arbeitsam, fleißig,
„mäßig, und es gab feine, witzige und
„tiefdenkende Köpfe unter ihnen. Es war
„natürlich, daß sie keine große Liebe zu dem
„übrigen, größern Theil des Volks bekom=
„men konnten, indem sie so unedel gemis=
„handelt wurden. Ich habe selbst gesehen,
„daß, als einst Reisende von diesem Stamme,
„welche in einem andern Lande so unglücklich
„gewesen, ihr ganzes Vermögen zu verlieh=
„ren, und desfalls fortgegangen waren, eine
„andre Heymath zu suchen, daß, als Diese
„durch dies Land nur durchreisen wollten,
„man ihnen für diese Erlaubniß eine große

„Abgabe abforderte. Die armen Leute „hatten kein Geld, baten daher um Erbar=„men; aber nein! Wenn sie kein Geld „hatten; so hatten sie doch Kleider auf dem „Leibe. Man zog ihnen das Unterkleid aus, „um sich wegen der verordneten Abgabe „bezahlt zu machen, und ließ sie mit bloßem „Oberkleide, halb nackend weiter wandern. „Ein Andrer von diesen Leuten gerieth einst „auf der Gasse einer kleinen Stadt mit einem „Knaben, der Seiner spottete, in Streit. „Der arme Mann ertrug allen Hohn, und „wollte dem Buben ausweichen; Allein dieser „ergriff einen Stein, und zielte nach des „Menschen Kopfe. Was war natürlicher, „als daß der Arme sein Haupt niederbeugte, „um dem tödlichen Wurfe zu entgehn? Aber „nun flog zum Unglück der Stein in das „Haus eines reichen Bürgers und zerbrach „daselbst ein kostbares Gefäß. Der Eigen=„thümer stürzte sogleich heraus, ergriff — „nicht den Knaben, sondern den gekränkten „Mann, schleppte ihn vor Gericht, und dies „verurtheilte denselben, unerhörter Weise, „das zerbrochne Gefäß zu bezahlen."

„Nun war es wohl begreiflich, warum diese „unbrüderliche Behandlung eines Völkchens,

„das einerley Ursprung mit dem übrigen
„Theile der Nation, ja! aus dessen Mitte
„diese ihre größten Helden aufzuweisen hatte,
„daß eine solche Behandlung die Unglück-
„lichen aufbringen und erbittern, und sie oft
„zu gegenseitigen, unedlen Handlungen ver-
„leiten mußte. Es ist wahr, daß fast kein
„Diebstahl geschahe, woran nicht jemand
„aus diesem gedrückten Stamme Antheil
„gehabt hätte, und daß sich diese Leute meh-
„rentheils vom Wucher nährten; das war
„aber gar nicht zu verwundern, nachdem
„man ihnen alle Mittel zu ehrlichem Erwerbe
„und alle öffentliche Achtung geraubt hatte."

„Ich habe Euch vorhin erzählt, daß die
„Bedienungen und Stände nicht nach dem
„Grade ihrer Nützlichkeit, sondern nach
„gewissen Vorurtheilen und Meinungen
„geschätzt wurden. So gab es, zum Bey-
„spiel eine Absonderung eines Standes,
„welcher nächst dem Fürsten der vornehmste
„war, und welchen man den Stand der
„Schiefnasigen nannte. Es gab nämlich
„gewisse Familien und Stämme, die sich
„darauf etwas zu gut thaten, schiefe Nasen
„zu haben und beweisen zu können, daß ihre
„Vor-

„Vorfahren, seit einigen Jahrhunderten, in
„ununterbrochener Reyhe fort, schiefe Nasen
„gehabt und nur schiefnasige Mädchen gehey-
„rathet hätten. Vermuthlich hatten irgend
„ein paar Stammväter dieser Familien, denen
„von Ungefehr die Nase ein wenig auf die
„Seite gebogen war, große Verdienste um
„den Staat gehabt, und hatte man sie vor-
„zugsweise die edlen Schiefnasigen genannt.
„Das Ansehn, in welchem sie bey dem Volke
„gestanden, die gute Erziehung, welche sie
„ihren Kindern gaben, vielleicht auch der
„Reichthum, den Fleiß und Tapferkeit ihnen
„erworben hatte, dies alles machte, daß die
„Achtung für sie, sich auch auf ihre Nach-
„kommen vererbte, und die Mütter versäum-
„ten nicht, um das Bild der großen Ahn-
„herrn in ihren Kindern wieder aufleben zu
„sehn, ihnen gleich bey der Geburth die Nase
„schief zu drücken. Aber bald artete dieser
„Vorzug aus; Die spätern Enkel, stolz auf
„die geerbte öffentliche Achtung, glaubten der
„Verdienste nicht zu bedürfen, wenn sie nur
„ihre schiefnasige Abkunft beweisen konnten;
„und durch eine unbegreifliche Verblendung,
„ließ man diesen unwürdigen Nachköm-
„lingen nicht nur die den Vätern eingeräumten

"ökonomischen Vorrechte (das hätte sich noch
"vernünftig erklären lassen), sondern man
"räumte ihnen auch solche politische und
"moralische Vorzüge ein, die offenbar nur
"dem wahren Verdienste und Talente gebüh-
"ren. Zu den ersten, einträglichsten und
"wichtigsten Stellen im Staate, ja! selbst
"zu denen, welche offenbar handwerksmäßige
"oder tiefe Kenntniß einer einzelnen Wis-
"senschaft oder Kunst voraussetzten, wurde
"man nur vermittelst einer schiefen Nase
"erhoben, und der verdienstvollste, gelehr-
"teste alte Mann, mit grader Nase, mußte,
"bey kümmerlichem Auskommen, oft einem
"unwissenden Schiefnasigen gehorchen, welcher
"reichlich für das bezahlt wurde, was er —
"nicht that. Da nun diese Classe von
"Menschen sich über die Andern so sehr erho-
"ben hielt; so glaubten sie auch, sich durch
"einen äussern Glanz auszeichnen zu müssen;
"und da kam es dann mehrentheils, daß
"der größte Theil dieser Leute, ungeachtet
"aller ihnen eingeräumten Vortheile, in sehr
"zerrütteten Vermögensumständen war; Aber
"so groß blieb das Vorurtheil und die Ver-
"blendung, daß dennoch der reichste und
"klügste Mann mit grader Nase sich vor

„einem höchst unwissenden armen Schief=
„nasigen bis auf die Erde bückte. Es herrschte
„aber auch ein solcher, auf gegenseitige Ver=
„theidigung ihrer Albernheit gestützter esprit
„de corps unter ihnen, daß sie in ihren
„Gesellschaften nur ihres Gleichen duldeten,
„und eitle Leute waren schwach genug, sich
„oft noch in ihren alten Tagen die Nase
„schief schlagen zu lassen, um nur in diese
„leeren Gesellschaften, in welchen mehren=
„theils Unwissenheit, Hochmuth und prah=
„lerische Betteley herrschten, Zutritt zu erlan=
„gen. Andre sahen sich der Wohlfahrt ihrer
„Familien wegen zu diesem Schritte gezwun=
„gen, obgleich sie selbst die ganze Albernheit
„davon fühlten — Die Fürsten hatten seit
„Jahrhunderten dies Vorurtheil unterstützt;
„Einige, weil sie selbst fühlten, wie wenig
„die Natur sie durch wahre Verdienste zu
„dem Posten berechtigte, den sie bekleideten,
„weswegen sie dann Leute um sich her ver=
„sammelten, die auch nicht klüger noch besser
„waren, weil ihnen die Gesellschaft der wahr=
„haftig Edlern ein beständiger stillschweigender
„Vorwurf gewesen seyn würde. Die schlauen
„Regenten aber wollten deswegen das Vor=
„urtheil nicht abschaffen, weil ihnen eine

„nichts kostende Operation an der Nase eines
„Menschen Gelegenheit gab, die listigsten
„Köpfe zu gewinnen und zu Ausführung ihrer
„despotischen Plane zu nützen. Indessen
„muß man doch bekennen, daß es auch
„sehr würdige Männer mit schiefen Nasen
„gab, und Diese wurden dann, als Aus=
„nahmen von der Regel, eben ihrer Nase
„wegen, doppelt geachtet. Ihr wißt, meine
„Freunde! daß auch mir die Natur zufälliger=
„weise ein schiefes Riechwerkzeug gegeben
„hat, und ich konnte Anfangs, ehe ich die
„Verfassung kannte, nicht begreifen, wes=
„wegen jedermann mir mit so vorzüglicher
„Höflichkeit begegnete; Als ich aber mit
„meinem ehrlichen Schulmeister durch die
„Straßen der Stadt zog, da schien man
„mich zu bedauern, oder vielmehr, es mir
„zum Vorwurf zu machen, daß ich mich nicht
„mehr zu meines Gleichen hielte. Man fieng
„an, meine ächte Abstammung zu bezwei=
„feln — So mächtig war das eingewur=
„zelte Vorurtheil, daß man verlangte, ich
„sollte den wahren Genuß des Lebens, den
„Nutzen, den man aus dem Umgange mit
„weisen und guten Menschen zieht und die
„edle Anwendung einer Zeit, über welche man

„einst Rechenschaft geben soll, dem beſtän=
„digen Anblicke ſchiefer Naſen aufopfern —
„Ja! meine Freunde! uns Europäern kömmt
„ſo etwas unglaublich vor; aber es iſt nun
„einmal nicht anders; und ich kann Euch
„noch ganz andre Thorheiten erzählen."

„So herrſchte z. B. hier ein ſonderbarer
„Contraſt zwiſchen gewiſſen Nationalgefühlen
„und Nationalgewohnheiten. Nahe an das
„große Land, in welchem ich itzt war, grenzte
„ein andres, welches Vent—i—ti hieß,
„und von einem Volke bewohnt wurde, das
„in ſeinen Sitten und ſeinem eigenthüm=
„lichen Character ſehr weit von jenem unter=
„ſchieden war. Hierzu kam noch, daß das
„fremde Volk ſchon ſehr oft, mit Beleidigung
„aller natürlichen und vertragsmäßigen Rechte,
„in dies Land eingebrochen war, es verheert
„und beraubt hatte. Folglich herrſchte ein
„ſehr gegründeter Wiederwille zwiſchen den
„Si—mi—ſchi—rás (So hieß das Volk,
„unter dem ich lebte) und den Vent—i—tihern;
„und von der andern Seite waren die
„Vent—i—tiher eine ſo übermüthige Na=
„tion, daß ſie alle andre, und vorzüglich ihre
„Nachbarn ſehr verachteten. Wenn ſie einen

„Tölpel beschreiben wollten; so sagten sie,
„er sey ein rechter Si — mi — schi — rá.
„Dennoch waren diese Si — mi — schi — rás
„so sclavisch gesinnt, daß sie alles gutfan-
„den, alles nachahmten, was nur die
„Vent — i — tiher unternahmen, sprachen,
„trieben. Diese, welchen ein solcher Nach-
„ahmungsgeist viel Spaß machte, versäum-
„ten nicht, jeden Tag neue Thorheiten zu
„erfinden, und dann herzlich zu lachen,
„wenn die si — mi — schi — ráischen Fürsten
„und Vornehmen sich augenblicklich beeifer-
„ten, dieselbe Thorheit zu begehn. Das
„gieng so weit, daß der verworfenste
„Vent — i — tiher in Si — mi — schi — rá
„immer sicher war, wenn er nur dahin wan-
„derte, eine große Rolle zu spielen. Die
„Fürsten und Schiefnasigen hier redeten
„nichts anders als in vent — i — tischer
„Sprache, ja! sie lernten nicht einmal ihre
„Muttersprache, durften dieselbe von Ju-
„gend auf nicht reden. Die Vent — i — tiher
„hatten die Gewohnheit, ihre kleinen Kinder
„in Tücher zu wickeln; Nun war kürzlich
„in Vent — i — ti ein kleiner Erif gebohren
„worden; Da nun Fürsten sowohl wie andre
„Menschen ihre natürlichen Ausleerungen

„haben; so konnte es nicht fehlen, daß der
„Knabe seine Tücher täglich beschmutzte.
„Da ließ nun der Erif von Vent — i — ti
„einen Befehl ergehn, jedermann sollte Klei=
„der tragen, welche die Farbe von diesen
„beschmutzten Tüchern hätten" — „Gebt Acht,"
sagte er, „und lachte herzlich, als er den
„Befehl unterschrieb:" „Gebt Acht! die
„Si — mi — schi — rás werden bald Alle
„in meines Sohns Unflath gekleidet seyn."
„Gesagt, geschehn! Es dauerte nicht acht
„Tage; so ließ sich die Fürstinn von Si —
„mi — schi — rá die nassen Tücher des klei=
„nen Prinzen ganz frisch ausbitten, sie durch
„einen eignen Gesandten abholen, und sich
„ein Mäntelchen daraus machen. Ein ander=
„mal sang die Amme des Prinzen ein Wie=
„genlied, das so elend wie möglich war; Der
„alte Erif hörte es, und befahl sogleich, es
„solle ein Gesandter nach Si—mi—schi—rá
„gehn und das Lied dort am Hofe singen.
„Seit dieser Zeit wurde es eingeführt, daß
„niemand in Si — mi — schi — rá den An=
„dern begrüßte, ohne dabey dies Liedchen zu
„trillern. Auch hatte der alte Fürst von
„Vent — i — ti ein Hausthier, welches einst,
„als er es auf seinem Schooße streicheln

„wollte, ihn gewaltig beschmutzte. Sogleich
„zog er sein Gewand aus, und verkaufte es
„an den Fürsten von Si—mi—schi—rá,
„der Befehl ertheilte: wer eine Bedienung
„haben wollte, der sollte sich in diese Farbe
„kleiden" — „O, meine Freunde! und was
„für andre Thorheiten mußte ich nicht erle-
„ben! Wie oft seufzte ich nach Europa
„zurück, und rief dann aus:" „Wäre ich
„doch erst wieder in meinem lieben teutschen
„Vaterlande! Da geht es doch anders her."

Achtes Capitel.

Fortsetzung des Manuscripts. Ankunft in Holland.

Ich muß Sie, meine hochgeehrtesten Leser! gehorsamst um Verzeyhung bitten, wenn Ihnen etwa des Herrn Brick Handschrift ein wenig zu lang scheinen sollte, und Sie noch um einige Nachsicht ersuchen, im Fall Sie es lieber sähen, daß ich in Erzählung meiner eignen Begebenheiten fortführe. Vom zehnten Capitel an (das verspreche ich wie ein ehrlicher Schriftsteller) soll nie wieder von dem Herrn Brick noch von seinem Manuscripte die Rede seyn, und indessen erlauben Sie immer, daß hier auf dem Schiffe, wo Sie mich, ohne alles Abentheuer, ruhig mit einer Pfeife Tabac haben sitzen gesehn, daß hier meines verstorbnen Freundes sonderbare Begebenheiten den leeren Raum ausfüllen dürfen. Zudem steht so närrisches Zeug in diesem Aufsatze, daß, wenn ich auch bey der kurzen Schifffahrt das sonderbarste Schicksal gehabt hatte, mir doch nimmermehr so viel hätte aufstoßen können. Sie wissen, daß wir herrliches Wetter hatten; Aber wäre auch Sturm gewesen, an welche Küste hätten wir verschlagen werden können, wo es so bunt wie in des Herrn Brick südlichen Ländern hergegangen wäre? Oder wären wir gescheitert, und Alle ertrunken, ja! so hätte ja die ganze Music ein Ende; oder wären wir auf eine wüste Insel gekommen, hätten Hunger und Noth gelitten, hätten loosen müssen, wer von uns geschlachtet werden sollte, und ich wäre dann per plurima vota gegessen worden — Nun! das könnte doch wahrlich auch keine Lust für Sie seyn — Genug! ich denke, Sie erlauben mir, nach meinem eignen Plane fortzufahren; Also frisch an das Werk!

Fortsetzung des Manuscripts.

„Die Erzählung meines wohlthätigen „Schulmeisters wären mir aus jedes Andern „Munde verdächtig gewesen. Indessen bat „ich denselben: er mögte mich doch in den „Stand setzen, einige dieser sonderbaren Ge„bräuche und Sitten mit eignen Augen zu

„sehn. Er war sogleich willig dazu, und da
„er ohnehin in die Residenz musste, wohin
„er vor den Rath der Priester vorgeladen
„war, um sich wegen einer Anklage zu recht-
„fertigen (Man gab ihm nämlich Schuld, er
„habe einst seinen Schülern gesagt: Ein
„gutes häusliches Beyspiel sey mehr werth
„wie die öffentlichen Reden von hundert Prie-
„stern), so machte ich mich mit ihm auf den
„Weg dahin. Wir mussten durch ein Paar
„kleinere Städte gehn, und da nahm ich
„wahr, wie auch bis hierher schon die unver-
„nünftige Nachahmungssucht der vent — i —
„tischen Sitten gedrungen war. Die Bürger
„waren schaarenweise in die Hauptstadt
„gelaufen, hatten dort ihre besten, von
„gutem, schönen, dicken Stoffe gewürkten
„Kleider um den halben Preis verkauft, und
„leichtes, elendes Zeug dafür erhandelt,
„welches die neumodige Farbe von des
„vent — i — tischen Knaben Unflathe hatte.
„Der oberste Richter in einer kleinen Stadt,
„dessen eigentliche Besoldung sehr geringe
„war, der dagegen aber auf die ungerechteste
„Weise große Summen erpresste, um einen
„unzweckmäßigen Aufwand zu treiben, hatte
„sich kürzlich eine vent — i — tische Köchinn

„angeschafft, und in seinem Hause durfte
„keine andre Sprache geredet werden. Weil
„nun der Erif eine ausländische Beyschlä-
„ferinn hatte und öffentlich über Treue, häus-
„liche Pflichten und eheliche Bande spottete;
„so waren auch aus jedem kleinen Bürger-
„hause Friede, Eintracht, Religiosität und
„Tugend verbannt. Ich erfuhr nachher,
„daß fast alle Fürsten in diesem Welttheile
„den Luxus, das Verderbniß der Sitten, die
„Ungewissenhaftigkeit und den Hang zu sinn-
„lichen Freuden unterstützten, weil sie dann
„um desto despotischer über ein Volk regieren
„könnten, das durch so lose Bande an ein-
„ander hält, so leicht zu trennen, so leicht
„von ernsthaften Gedanken ab, auf Spiel-
„werke aufmerksam zu machen ist, das ferner
„durch ein Heer schwer zu befriedigender
„Bedürfnisse, welche der Tyrann zu seinem
„Vortheile lenken kann, leicht unter sich uneinig
„und von Fürsten abhängig zu machen ist;
„das endlich, wenn es durch Luxus und Laster
„arm und entnervt wird, nie Muth hat,
„ein ungerechtes Joch abzuschütteln."

„Ich habe vergessen Euch zu sagen, daß
„in den großen und kleinen südlichen Staaten,

„welche ich damals durchreiste, eine so son-
„derbare Verschiedenheit in Münzsorten,
„Maaß und Gewicht herrschte, daß man fast
„bey jeder Meile Weges eine andre Rech-
„nung lernen mußte, folglich ein Fremder
„nicht nur oft betrogen wurde, sondern auch
„die Geschäfte der Einwohner dieser kleinen,
„auf einander eifersüchtigen Staaten, dadurch
„ungemein erschwert wurden."

„Es war gegen Mittag, als wir in der
„Residenz ankamen. Vor einem großen Ge-
„bäude sahen wir einen gewaltigen Zulauf
„des Volks. Ich fragte, was das zu bedeu-
„ten hätte, und da erfuhr ich, daß hier etwas
„getrieben wurde, das mir auch unerhört
„fremd schien. Dem Landesherrn war durch
„böse Rathgeber eingeblasen worden, eine
„neue unmerkliche Art von Auflage, zu Ver-
„mehrung seiner, der Befriedigung unmäßi-
„ger Leidenschaften gewidmeten Cassa, zu
„gründen. Zu diesem Endzwecke hatte man
„eine Art von Spiel eröfnet, und Einhei-
„mische und Fremde eingeladen, daran Theil
„zu nehmen. Man rechnete nämlich, wie
„ich schon gesagt habe, in den dortigen Län-
„dern statt unsres Geldes, nach Steinen.

„Nun war ein gröſes verſchloſſenes Behält:
„niß gemacht, welches ſich, ungefehr wie
„ein Rad, umdrehn ließ. Darinn war
„eine kleine Oefnung. Man konnte durch
„daſſelbe einen Stein hineinwerfen, auf
„welchen man vorher ſeinen Namen ſchrieb.
„Wenn eine Anzahl Steine hineingeworfen
„waren, wurde die Maſchine ſchnell herum:
„gedreht, und das Loch blieb offen. Fiel
„nun im Drehn von ungefehr ein Stein
„heraus; ſo bekam Derjenige, deſſen Name
„auf dem Steine ſtand, die ganze Samm:
„lung, welche grade darinn war. Geſchahe
„dies aber in einer feſtgeſetzten Friſt nicht;
„ſo gehörte das Ganze der Regierung. Nun
„kann man ſich leicht vorſtellen, wie ſelten
„ſich, bey der ſchnellen Bewegung, der erſte
„Fall zutrug; Folglich ſtand ſich der Landes:
„herr bey dieſem Spiele, welches er mit
„ſeinen Unterthanen trieb, ſehr gut. Allein
„die Hofnung des Gewinnſtes verleitete Arme
„und Reiche täglich, eine Menge Steine
„daran zu wagen; und nicht ſelten ſahe man
„einen Unglücklichen, der hier ſein letztes
„Steinchen verlohren hatte, mit geſenktem
„Haupte, traurig davonkriechen. Soll ich
„es bekennen? Auch ich war närriſch genug,

„den einzigen Stein, den ich hatte, daran
„zu wenden; So sehr verblendete mich diese
„prächtige Anstalt, die Ankündigung, welche
„ein Herold ausrief: Hier könne Jeder in
„einem Augenblicke reich werden, und endlich
„das Gepränge, welches hierbey herrschte.
„Ich warf meinen Stein hinein, und —
„o Wunder! — Man hätte vielleicht nicht
„schnell genug gedreht — Genug! er kam
„bald wieder herausgeflogen, und ich erhielt
„(obgleich man allerley Einwendungen ver‑
„suchen wollte, mir meinen Gewinnst vor‑
„zuenthalten) hundert Stück Steine, viel‑
„leicht den Ruin von zwanzig Familien zur
„Beute."

„Wer war in solchen Umständen froher
„wie ich? Nun wollte ich meinen Reichthum
„mit meinem Wohlthäter theilen; allein, zu
„meiner Verwundrung, wollte er von diesem
„Sündengelde nichts annehmen, und alles,
„was ich von ihm erlangen konnte, war,
„daß er mir erlaubte, ihn ein Paar Tage
„lang in einem guten Gasthofe freyzuhalten."

„Da mein redlicher Begleiter etwas lange
„durch die Chicanen der Priester aufgehalten

„wurde; hatte er volle Zeit, mir alle Merk=
„würdigkeiten der Stadt zu zeigen — Und
„was für Inconsequenzen sahe ich da nicht,
„sahe, wie die Menschen sich untereinander
„durcharbeiteten, rieben, quälten, jagten,
„verfolgten, vorzogen und unterdrückten
„um — Nichts! sahe, wie ihnen alles so
„wichtig schien, was so klein war, wie zu
„ihren Festen, Verzierungen und Feyerlich=
„keiten, Armuth im Oeconomischen, Poli=
„tischen und Intellectuellen, Geschmacklosig=
„keit und Langeweile, das Gewand der
„Pracht, des guten Tons, der Weisheit und
„des Vergnügens borgen wollten. Ich
„kaufte mir ein gutes Kleid und ließ mich,
„durch Hülfe meiner schiefen Nase, an den
„Hof führen. Dort erwartete ich, um den
„Fürsten, um den Ersten und Besten seines
„Volks her, die Edelsten der Nation versam=
„melt zu finden; Aber was für Geschöpfe
„liefen hier herum? Ein Haufen leerer,
„müßiger, unwissender Männlein, von zwey
„oder drey ausstudierten Schelmen bey ihren
„schiefen Nasen herumgeführt, durcheinander
„gehetzt und in beständigem pudelnärrischen
„Kreislaufe erhalten, um dem Erif ein Spiel=
„werk zu verschaffen, worüber er vergessen
„musste,

„mußte, auf jener Herrn Schleichwege Acht
„zu haben."

„Bey einem großen Feste am Hofe nahm
„ich etwas wahr, das mir sehr characteri=
„stisch vorkam. Der Erif saß auf einer
„hohen Bühne und hatte, zum Zeichen sei=
„ner Würde, einen Stock in der Hand, auf
„welchem oben die fein in Stein ausgearbei=
„tete Figur eines Raubvogels befestigt war —
„Es schien der Talismann der landesväter=
„lichen Gewalt zu seyn."

„Ich bemerkte in allen Pallästen Bild=
„nisse und Statuen — nicht der Größten,
„sondern der Vornehmsten im Staate, aus=
„gestellt — — nicht wie sie aussahen, son=
„dern — wie sie gern ausgesehn hätten;
„und der treue Künstler blieb unberühmt,
„unbelohnt, indeß der Meißel des Schmeich=
„lers bis in den Himmel erhoben wurde."

„Ihr werdet nachher hören, daß ich
„mich nicht begnügte nur allein diese Stadt,
„dieses Land kennen zu lernen, sondern daß
„ich auch, in Gesellschaft eines weisen Man=
„nes, eine Reise in die kleinen, umliegenden

Peter Claus 2. Th. J.

„Staaten machte; Folglich gilt, was ich
„hier sagen werde, nicht alles von dieser
„einzigen Provinz, sondern ist aufgesammelt
„von der ganzen Nation."

„Menschenfurcht, Muthlosigkeit, Ver-
„ehrung Dessen, den das Glück zufälliger-
„weise erhoben, durch ein verjährtes Vorur-
„theil geheiligt — Das alles erhielt das
„arme Volk in einer beständigen Unthätig-
„keit, und indeß man die Menschen einschlä-
„ferte und sie selbst sich täglich mehr an das
„Joch gewöhnten, webten, von allen Seiten,
„Eigennutz, Priester- und Erifsdespotismus
„ihr Gewebe fester an einander, und ver-
„schlungen darinn Jeden, der sich noch rüh-
„ren konnte oder wollte. Diese drey großen
„Ressorts spielten höchst künstlich, so oft sie
„es nöthig fanden, gegeneinander oder mit-
„einander, je nachdem es die Convenienz
„erforderte. Wann die Priester des welt-
„lichen Arms bedurften, oder einen ehrlichen
„Mann durch die dritte Hand stürzen woll-
„ten; predigten sie Gehorsam gegen die
„Obrigkeit, schrien über Empörung, und
„verfolgten Den, der zu frey redete. Kam
„aber ihr Eigennutz mit dem Interesse des

„Staats in Gegensatz; so lehrten sie, daß
„die Pflichten gegen die Götter weit über
„die Verbindlichkeiten gegen die Regenten
„giengen. Von einer andern Seite wußten
„die Erifs, so oft sie der Volksreligion, wie
„eines Zaums und Gebisses bedurften, die
„herrlichsten Vorschriften zu geben, was in
„ihren Ländern über die Natur der Götter
„geglaubt und gesprochen werden durfte:
„Auch zeigten sie dann selbst ein öffentliches
„Beyspiel von Anhänglichkeit an ihren Glau-
„ben. Sobald sie aber Gelegenheit fanden,
„gewissere Vortheile zu erlangen; bekannten
„sie eben so öffentlich das Gegentheil.
„Waren die Vorschriften der Volksreligion
„zu strenge für ihre Sitten; so schlugen sie
„sich zur Parthey der Irreligiosen. War
„ihnen aber der Aberglaube bequemer, zu
„Reinigung ihrer Gewissen, zu Versöhnung
„ihrer Unthaten; dann glaubten sie die aller-
„lächerlichsten Fratzen. Alle diese Beyspiele
„verbreiteten sich aus der Residenz in die
„kleinern Städte, und von da unter das
„Landvolk — Und schon waren diese süd-
„lichen Völker so tief gefallen, hatten so sehr
„im Intellectuellen und Physischen abgenom-
„men, daß es ein Jammer anzusehn war.

„Von ernsthaften, erhabenen Wissenschaften,
„dem Studium der Natur, nützlichen Be-
„merkungen, Nachforschungen über das Wesen
„und den Zweck aller Dinge und Creaturen
„ab, war ihr Geschmack auf nichtswürdige,
„oft sehr gefährliche, erniedrigende Kleinig-
„keiten gefallen. Durch die abscheulichsten,
„unnatürlichsten Laster, so wie durch Druck,
„Armuth, Weichlichkeit und Faulheit, war
„die ganze Generation so schwach und entnervt
„geworden, daß itzt kaum unter Hunderten Ei-
„ner das gewöhnliche Menschenalter erreichte;
„Und doch waren sie ehemals ein so starkes,
„männliches Volk gewesen."

„Alle diese Vorwürfe treffen aber nur den
„größten Theil der mehr oder weniger kleinen
„Staaten dieses Welttheils; Denn, ausser
„daß einige liebenswürdige, väterlich für ihre
„Unterthanen gesinnte Erifs die Wohlfahrt
„ihrer Kinder mit unermüdeter Sorgfalt
„beförderten, folglich eine Ausnahme vom
„Ganzen machten; so gab es auch noch,
„mitten unter diesen, zwey große Reiche,
„von weisen, mäßigen und edlen Erifs
„beherrscht. Diese sahen in ruhiger Stille
„dem Unwesen zu, machten ihre Unterthanen,

„(wenigſtens nach ihrer Ueberzeugung; und
„das iſt für Menſchen genug gethan) ſo
„glücklich wie möglich), wachten, arbeiteten,
„kämpften für ſie, und hielten ſich für die
„erſten Diener im Staate. Freylich machte
„die höchſtverworrene Staatsverfaſſung dieſes
„ganzen Welttheils, deſſen einzelne Provinzen
„unabhängig und eingeſchränkt, in Verbindung
„und getrennt, nach ausländiſchen, vor
„zwölfhundert Jahren erſonnenen, jetzt nicht
„mehr paſſenden Geſetzen, und dann wieder
„zwiſchendurch nach einer ungeheuren Menge
„ſpecieller, ſich oft wiederſprechender Landes-
„verordnungen regiert, dieſe verwickelte Ver-
„faſſung, dies höchſtabentheuerliche Gemiſche,
„ſage ich, machte, daß beyde große Män-
„ner, welche immer Rückſicht darauf nehmen
„muſſten, unmöglich ihre Provinzen gänzlich
„nach einem einförmigen Plane regieren
„konnten, und doch war es ohne offenbar
„gewaltſame Ungerechtigkeit nicht möglich,
„die kleinen Länder gradeswegs unter ſich zu
„vertheilen. Man ließ dieſe alſo, wie billig,
„in Ruhe; Allein die kleinen Herrſchaften
„arbeiten ſich dennoch ſelbſt ihrem Unter-
„gange entgegen, und ich bin überzeugt,
„daß in hundert Jahren ein großer Theil

„derselben eingeschmolzen, und die ganze, so
„sehr zusammengesetzte Verfassung, ohne alle
„Gewalt, über den Haufen gefallen seyn
„wird. Denn erstlich bekommen die jungen
„Erifs die elendeste Erziehung von der Welt,
„werden von Jugend an mit dem lächerlichen
„Vorurtheile von natürlichem Rechte zur
„Oberherrschaft erfüllt, mitten unter Schmeich=
„lern aufgefüttert, und entweder den Hän=
„den eigennütziger Priester, oder unwissender,
„selbst nicht erzogner, oft nur politische und
„ökonomische Vortheile suchender Schiefnasen
„übergeben. Da werden ihnen dann, wie
„es leicht zu denken ist, keine vernünftige
„Grundsätze der Regierungskunst, keine klare
„Begriffe von den gegenseitigen Verhältnissen
„der Fürsten und Unterthanen gegen einander,
„kurz! es wird ihnen nichts Zweckmäßiges
„beygebracht, sondern, indem man ihnen in
„den wenig Stunden, worinn man von
„dergleichen redet, nur obenhin allerley
„schwankende, verfälschte Ideen beybringt,
„ohne sie auf ihr wahres Interesse aufmerk=
„sam zu machen, wird der übrige Theil der
„Zeit mit elenden Spielwerken, Zerstreuun=
„gen, und solchen Vergnügungen, welche
„allerley heftige Begierden erregen, verschleu=

„dert. Auf diese Art wächst der neue Landes=
„vater heran, und es ist ein Werk des
„Schicksals, ob er wollüstig, grausam, hart=
„herzig, weichlich, verschwenderisch, schwach,
„unthätig, oder das Gegentheil wird."

„Sodann zerrüttet der Hang zur leeren
„Pracht, die hochmüthige Nachahmung der
„größern Erisf (welche oft die armseligsten
„Schauspiele liefert) bald, in den ersten
„Jahren der Regierung, den Zustand der
„Finanzen. Alsdann bleibt nichts übrig,
„als die Unterthanen auf die ungerechteste
„Art zu schinden. Diese verarmen, erholen
„sich wohl einmal wieder, verarmen noch
„einmal, können nichts mehr geben, nicht
„wieder zu Kräften kommen, wandern aus,
„oder thun einst einen kühnern Schritt, aus
„Verzweiflung, um des Jochs loszuwerden.
„So frißt ein kleines Land nach dem andern
„sich auf, und es ist leicht abzusehn, worauf
„das endlich hinausgehn wird, da indeß die
„größern Staaten, durch weise Anordnungen,
„durch Gerechtigkeit, durch Frieden, und
„durch den Ruin der andern, immer mächtiger
„und blühender werden. Wie es bey den ein=
„zelnen Provinzial= und allgemeinen National=

"gerichtshöfen hergieng, mag ich gar nicht
"erzählen. Nur so viel will ich sagen, daß
"dort der Mächtigre und Reichre, wenn er
"auch seine ungerechte Sache nicht gewinnen
"kann, die herrlichsten, gesetzmäßigsten Mittel
"in Händen hat, der ärmern Gegenparthey
"hundert Jahre lang das Ihrige vorzuent=
"halten, bis diese, muthlos und gänzlich
"verarmt, in den Händen des Räubers läßt,
"was sie nicht wiederbekommen kann."

"Es giebt auch so genannte freye Staaten
"mitten in diesem großen Welttheile; Aber
"diese führen nur den Namen davon, indem
"ein kleiner Haufe von Verschwornen das Volk,
"unter dem Privilegium der Freyheit, durch
"Cabale, Klatscherey, Bestechung, Ueber=
"stimmung, Aberglauben, Intoleranz, Ver=
"hindrung der Aufklärung, schlechte Schul=
"anstalten u. d. gl. in einer noch ärgern Ty=
"ranney hält. Mehrentheils ist dann das
"Volk stolz darauf, **reden zu dürfen**, was
"es will, und die Vornehmern haben die
"Freude zu **thun**, was ihnen beliebt."

"Das, meine lieben Freunde! waren die
"traurigen Bemerkungen, welche ich in diesen

„fremden Ländern machte und die mir tausend=
„mal eine warme Sehnsucht nach meinem
„Vaterlande einflößten."

„Den alten Mann, von dem ich Euch
„geredet habe, traf ich in einem Gasthofe
„an, wo ich zu Mittage speisete. Es saß da
„eine große Gesellschaft von allerley Leuten,
„die durch einander sprachen und über Politik,
„Religion, schöne Wissenschaften, und Gott
„weiß über was alles, mit herzlichem Wohl=
„gefallen an sich selber, urtheilten. Nur
„mein alter Nachbar hörte alles mit Lächeln
„an und — redete nichts dazu. Das Ge=
„spräch fiel auch auf die verschiednen Mis=
„bräuche in der Regierung, auf die Bedrük=
„kungen der Unterthanen, auf Ungerechtig=
„keit, Bestechung, Inconsequenz, Plan=
„losigkeit u. s. f. Dies dauerte so bis zu
„Ende der Mahlzeit fort, da dann der alte
„Mann, sobald er satt war, aufstand, und
„in einen nahegelegenen Garten gieng, wie
„er immer nach Tische zu thun pflegte. Ich
„sah ihn einsam auf= und niederwandeln,
„und beschloß, mich wo möglich zu ihm zu
„gesellen. Sobald ich auf ihn zugieng,
„blieb er freundlich stehn, und nach einigen

„gemeinen Höflichkeitsbezeugungen, wurde
„ich bald in ein sehr interessantes Gespräch
„mit ihm verwickelt, welches ich Euch, in
„der Hofnung, daß Ihr Vergnügen daran
„finden werdet, hier, so viel ich mich dessen
„noch erinnere, herschreiben will."

Ich. „Aber, wie in aller Welt,
„kömmt es denn, daß alle diese ungeheuren
„Misbräuche gar nicht abgeschafft werden,
„wenn doch Jeder darüber redet, Jeder
„dagegen schreyet? Ich dächte, auf diese
„Art müßte doch die Wahrheit bis zu den
„Ohren Ihrer Erifs und Großen des Reichs
„kommen."

Der Mann. „Zuverläßig!"

Ich. „Und dann würden Diese doch
„wohl Anstalten zu Verbesserungen machen."

Der Mann. „Das ist eine andre Frage."

Ich. „Warum? Lassen Sie mich
„immer zur Ehre der Menschheit glauben,
„daß es ihnen nur an Einsicht, nicht an
„gutem Willen fehlt!"

Der Mann. „Es fehlt wohl hie und
„da an beydem; Im Ganzen aber fehlt es
„auch an Gewalt."

Ich. „Wie das? Ist denn Ihr Erlf
„nicht unumschränkter Herr?"

Der Mann. „Das ist er; Aber er ist
„es nicht über den Strohm der Cultur, der
„unaufhaltsam seinen Weg geht, den nichts
„hemmen kann, ist nicht Herr über das große
„Grundgesetz, nach welchem **diese Erde**
„regiert wird, nämlich den **beständigen**
„**Circul des Irdischen.**"

Ich. „Also glauben Sie, daß auch
„diese Verderbniß der heiligsten Dinge, die
„Verderbnisse der Staatsverfassungen, der
„Religionssysteme und das Herabsinken der
„Sittlichkeit, mit zu dem Plane der Gott-
„heit in dieser besten Welt gehören?"

Der Mann. „Gewiß! denn sie hän-
„gen in der Kettenreyhe zusammen. Alles
„auf dieser Erde kann nur einen gewissen
„Grad von Vollkommenheit erlangen; Würde
„es darüber hinaussteigen; so hörte es auf,

„sich für diesen Planeten zu passen. Wenn
„es also diesen höchsten irdischen Grad erlangt
„hat; so fällt es wieder, und die Maschine
„muß aufs Neue aufgezogen werden. Der
„Mensch steigt, von Einfalt der Sitten,
„durch stufenweise Cultur, bis zu dem höchst=
„möglichen Grade der Verfeinerung hinauf,
„und mit diesem Saamen wächst zu gleicher
„Zeit der Keim des Verderbnisses mit auf.
„Die Früchte werden zugleich reif, und wo
„die höchste Cultur ist, da war noch immer
„bis itzt (wenigstens bey uns; wie es bey
„Ihnen in Europa ist, weiß ich nicht)
„zugleich die ärgste Corruption; So geht es
„auch im Politischen. Von der Freyheit an,
„durch Errichtung der Staaten, bis zum
„äussersten Misbrauche des Despotismus,
„und endlich im Religiosen, vom dümmsten
„Aberglauben, durch die Aufklärung, bis
„zur höchsten Freygeisterey — Und dann
„gränzt gleich wieder das andre äusserste
„Ende daran. Von der Freygeisterey geht
„es unmittelbar wieder zum Aberglauben
„über. Wenn der Mensch sich überzeugt
„hat, daß es Wahrheiten giebt, welche sein
„Verstand nie ergründen kann; so wird er
„muthlos, länger zu forschen, und glaubt

„nun lieber alles gradehin, was ihn nur
„einschläfern kann. Der Despotismus zer-
„stört sich selbst, indem er sich entweder ent-
„kräftet und die Beute des Nachbars wird,
„oder die Wunde so arg macht, daß endlich
„der Kranke vor Schmerz aufspringt. Der
„von Wollüsten entnervte Staat muß, wie
„ein alter Sünder, wieder anfangen, sich an
„leichte Speisen zu halten, wenn entweder
„der Magen nichts mehr vertragen kann,
„oder der übermäßige Genuß Eckel macht —
„So geht alles auf dieser Erde seinen
„Circul fort, und wer etwas Höheres oder
„Tieferes sehn will; muß es in andern
„Planeten aufsuchen. Alle Reformations-
„anstalten, die dahin abzielten, einen
„andern Plan zu Erziehung des Menschen-
„geschlechts zu entwerfen, waren Hirn-
„gespinnste, Misgeburten, in dem Kopfe
„eines Mannes entstanden, der die Welt
„nicht wahrhaftig kannte, Misgeburten,
„erzeugt aus der Hurerey der gesunden
„Vernunft mit der Fantasie. Solchen Sy-
„stemen bin ich seit Kurzem sehr feind
„geworden. Da sucht sich Einer ein
„Plätzchen aus, und bauet sich ein Häuschen,
„ein hohes, hohes Häuschen darauf. Er

„meint es sey ein fester Boden, weil er
„und seines Gleichen darauf herumspringen
„können. Er guckt auch wohl aus dem
„obersten Dachfenster seines Thurms mit
„seinen Freunden heraus, und lacht herz-
„lich der armen Leute, die da unten sind.
„Auf einmal kömmt aber ein dicker Mann,
„klemmt sich durch die kleine Hausthür
„hinein — Siehe! da bleibt ihm das ganze
„Haus auf den Schultern hängen, und er
„rennt damit fort — Oder ein schwerer
„Lümmel tanzt rechtschaffen auf dem Boden
„herum, und der ganze Bettel stürzt über-
„einander."

Ich. „Das wäre ja sehr betrübend!
„Es wird doch noch in jedem Zeitalter einige
„bessere Männer geben, die von dem Ver-
„derbnisse des Jahrhunderts nicht angesteckt
„sind?"

Der Mann. „Vielleicht! und wenn
„Diese" —

Ich. „Nun ja! und wenn Diese sich
„verbinden" —

Der Mann. „So können sie mit „einander klagen, sich trösten, helfen, gewisse „Wahrheiten fortpflanzen, lehren" —

Ich. „Nicht nur lehren, dächte ich, „sondern auch handeln, auf das Ganze wür„ken, den Strohm wenigstens aufhalten."

Der Mann. „Unmöglich! Das ist „eine Grille!"

Ich. „Ich weiß es wohl, man wird „ihnen von allen Seiten entgegenarbeiten; „Aber sie müssen sich ins Geheim verbinden."

Der Mann. „Da habe ich Sie, wo „ich Sie gern sehn wollte. Also geheime „Verbindungen? Das ist ein süßer Traum, „den ich auch oft, und unter verschiednen „Gesichtspuncten geträumt habe; Allein die „Erfahrung hat mich gelehrt, und das noch „kürzlich, daß man nur viel Zeit damit ver„liehrt, die man auf ganz einfache Art, in „seinem gewöhnlichen häuslichen und politi„schen Circul viel nützlicher hinbringen könnte; „indeß man eine Menge Leute, nach einem „gemeiniglich sehr componirten Plane, zu

„einer unbestimmten Thätigkeit in Bewe=
„gung setzt, und endlich einen kleinen Circul
„von Menschen, die man in seinem oft
„falschen Enthusiasmus, für die edelsten hält,
„begünstigt, um gegen alle Uebrige ungerecht
„zu seyn."

Ich. „Also sind Sie gegen alle geheime
„Verbindungen?"

Der Mann. „Gegen alle, nach studier=
„ten Planen handelnde, auf Reformation
„abzielende geheime Verbindungen. Sie
„bleiben nicht lange geheime Verbindungen,
„weil nichts in der Welt geheim bleibt; und
„dann fällt aller Nutzen weg. Sie bleiben
„nicht lange unentweyht, weil nichts in
„der Welt unverändert bleibt; und dann
„haben wir das alte Lied. Die Staaten,
„die Religionssysteme, die öffentlichen An=
„stalten zu Bildung der Jugend, alle diese
„Dinge waren auch herrliche Anstalten zum
„Besten der Menschheit; was sind sie aber
„jetzt?"

Ich. „Das kömmt daher, weil man
„in der Grundlage gefehlt hat. Jetzt sehen
„wir

"wir die Fehler ein, und können also, in
"der Stille, mit bessern Menschen, einen
"festern Plan ausführen."

Der Mann. "Und wie werden Sie
"einen Plan erfinden, der in jedes Zeitalter,
"in jede Staatsverfassung hineinpaßt? Was
"in diesen zehn Jahren das kräftigste Mittel
"ist, kann vielleicht in den folgenden zehn
"Jahren Gift seyn, welches Sie selbst, in
"menschlicher Kurzsichtigkeit, den Nachkom-
"men zubereiten. Es hat doch vor unsrer
"Zeit auch kluge Männer gegeben, auch sind
"von denselben zuweilen Bündnisse von der
"Art errichtet, aber auch jedesmal nach einer
"kurzen Reyhe von Jahren zerstöhrt, ent-
"weyht, oder zum Bösen gemisbraucht wor-
"den. Glauben Sie mir! gewöhnlich wer-
"den solche Anstalten, zu Reformationen der
"Staaten, Religionen und Sitten, von
"Malcontenten gemacht, die bey der jetzigen
"Einrichtung ihr Conto nicht finden. Pri-
"vatleidenschaft, gekränkte Eitelkeit, oder so
"etwas, wird dann die Triebfeder, und diese
"Menschen sind, wenn sie Macht erhalten,
"eben so intolerant gegen Leute, welche nicht
"ihrer Meinung sind, wie die Tyrannen,

„welche sie stürzen wollen. Glauben Sie
„mir! wer nur auf dem Platze, worauf er steht,
„mit vernünftiger Rücksicht und Duldung
„der, allen menschlichen Unternehmungen
„anklebenden Unvollkommenheit, die mög-
„lichste Summe des Guten thut, so viel er
„kann, ohne sich um Andre zu bekümmern,
„ausser, daß er gute Grundsätze ausbreite,
„wo er nur darf — Mit Einem Worte!
„wer so edel handelt, wie er vermag, und
„die Gelegenheit dazu nicht entwischen läßt,
„aber auch nicht ängstlich sucht, der thut,
„ohne geheime Verbindung, vollkommen
„genug."

Ich. „Aber vereinte Kräfte würken
„doch mehr. Wenn nun die zerstreueten Ed-
„lern sich einander aufsuchen, sich vereinigen,
„jüngere Leute in ihr geheimes Bündniß zie-
„hen, Diese bilden, sich einander beystehn,
„befördern, dem Bösen sich wiedersetzen,
„und so nach und nach eine neue glücklichre
„Generation bilden, die dann allgemeine
„Aufklärung verbreitet, welche der Grund
„aller Tugend und Weisheit ist, so, daß
„auf dem ganzen Erdboden ein auf reife
„Erfahrung von Jahrhunderten gestütztes

„Vernunft⹀ und Sittenregiment herrschen
„würde; wenn" —

Der Mann. „O! schweigen Sie!
„Das ist ein schöner Jünglingsplan, mit
„dem ich mich auch berauscht gehabt habe,
„der aber so viel Wiedersprüche in sich faßt,
„wie er Worte enthält. Ich schäme mich
„nicht, zu bekennen, daß ich einst mit Leib
„und Seele an einem ähnlichen Projecte
„krank gelegen bin, daß ich aber itzt meinen
„Irrthum einsehe. Lassen Sie Sich nur in
„der Kürze zeigen, was aus Ihrem Plane
„in wenig Zeit werden wird, und nach aller
„Erfahrung aus Geschichtskunde werden muß.
„Sie wollen allgemeine Aufklärung der
„ganzen Welt? — Welch ein Wiederspruch!
„Bey der ungeheuren Verschiedenheit der
„Organisation, der Lagen, der Schicksale,
„der Leidenschaften; da verlangen Sie, daß
„alle Menschen nach einem einzigen, weisen
„und redlichen Zwecke streben sollen? Das
„ist nur da möglich, wo noch keine Staaten
„je gewesen sind, wie in jenem glücklichen
„Lande, wovon Sie mir neulich erzählt
„haben; aber nicht bey uns, wo der Saamen
„der sogenannten Cultur so feste Wurzel

„geschlagen hat. So viel im Allgemeinen!
„Nun zu den einzelnen Theilen Ihres Plans!
„Sie wollen die Edlern aufsuchen, und also
„auf Vermehrung der Zahl der Verbündeten
„denken? Jede Gesellschaft, die auf Vermeh=
„rung ihrer Mitglieder bedacht ist, muß
„nothwendig ausarten. Wenn Sie auch
„die feinsten Prüfungen vorschreiben; so
„wird doch, wo nicht gleich, doch in der
„Folge, Privatleidenschaft, Nachgiebigkeit,
„Gefälligkeit, menschliche Kurzsichtigkeit und
„manche andre Rücksicht, mit Einfluß
„auf die Wahl der Mitglieder haben; Und
„hat sich ein einziges zweydeutiges Subject
„eingeschlichen und hinaufgearbeitet; so fol=
„gen Mehrere nach, und ihr ganzer schöner
„Plan ist zerstört. Sie wollen junge Leute
„bilden? Verstehen Sie darunter Ihre
„eignen Kinder; so können Sie das ohne
„geheime Verbindung bewürken. Denken
„Sie aber dabey an andrer Leute Kinder;
„so frage ich Sie: Wer giebt Ihnen Macht,
„Diese so unter Ihren Augen zu haben, daß
„sie nicht zehnmal mehr falsche Eindrücke
„anderwärts bekommen, als sie von Ihnen
„gute erhalten? Geheime Anstalten zu Bil=
„dung der Jugend haben schon an sich etwas

„Verdächtiges und werden leicht gemis=
„braucht, bilden nur mittelmäßige Menschen,
„und unterdrücken das wahre Genie. Sie
„werden Sich nicht für so weise und unbe=
„fangen halten, daß es Ihnen nicht begeg=
„nen könnte, Ihre Privatmeinungen den
„jungen Leuten für Weisheit zu verkaufen.
„Irgend ein sich einschleichender listiger Böse=
„wicht voll Verstellung wird noch mehr
„thun, er wird eben sobald gefährliche
„Grundsätze unmerklich bey diesen Alltags=
„menschen mit unterlaufen lassen — Und
„was für Unheil kann ein Solcher dann
„nicht durch Hülfe einer so geheimen Anstalt
„stiften? Sie wollen Menschen im Politi=
„schen befördern? O! zittern Sie vor den
„Folgen! Dadurch öfnen Sie dem Geiste
„der Intrigue und Cabale Thor und Thür.
„Abgerechnet, daß Sie dabey, ohne Befug=
„niß, Sich in den Fall setzen, aus Vorliebe
„zu Ihren Zöglingen, gegen viel würdigre
„Menschen ungerecht zu verfahren; so kann
„auch dieser Zweck, in den Händen böser
„Männer schreckliche Folgen haben. In
„den ersten Jahren wird Ihre Gesellschaft
„sehr viel Gutes thun, oder vielmehr: das
„Gute, das vielleicht jeder Einzelne

„ohnedies würde gethan haben, wird
„Ihnen sichtbarer werden, weil Sie es erfah=
„ren, und das wird Sie täuschen, zu
„glauben, Sie hätten Wunder verrichtet;
„Ich räume auch ein, daß in dieser ersten
„Zeit, wenn die Gesellschaft noch klein ist,
„der esprit de corps etwas thue — Nun
„aber werden in den folgenden Jahren schon
„unter Ihren Zöglingen einige weniger Gute
„sich eingeschlichen haben. Wenn diese her=
„anwachsen; wird wohl hie oder da Einer
„darunter die Direction in irgend einer Gegend
„erhalten, und also natürlicherweise seines
„Gleichen bilden — Und nun halten Sie
„einmal den reissenden Strohm auf, wenn
„Sie können! Sie werden Zeit und Mühe
„verlohren, und vielleicht über Ihre weiten
„Aussichten die nahe vorliegende Gelegenheit,
„der existierenden Welt wahrhaftig nützlich
„zu seyn, versäumt haben. Doch, hören
„Sie ferner! Sie wollen das Böse hindern?
„Wissen Sie auch immer, was böse ist?
„Wird nicht hier die Beschränktheit Ihrer
„Einsichten und die Leidenschaft gegen die
„gute Sache und gegen den guten Mann,
„Sie blenden und mitreden? — Nicht? —
„So sind Sie dann mehr wie Mensch.

„Sie wollen aus der Erfahrung von Jahr=
„hunderten die Regeln abstrahiren, nach
„welchen Ihre Leute handeln sollen? Es
„bedarf keines so langen Zeitspiegels. Wenn
„Erfahrnng hätte helfen können; so wären
„wir schon längst Alle weise. Die Quantität
„der Erfahrungen thut hier nichts; Sie
„werden dadurch nicht mehr Gewalt gegen
„die Leidenschaften bekommen, welche sich
„nicht wegphilosophieren lassen, sondern meh=
„rentheils alle unsre frommen Plane ver=
„eiteln. Sie wollen Aufklärung befördern?
„Sehen Sie selbst ganz klar? Haben Sie
„auch genug abgewogen, welchen Grad von
„Aufklärung jeder Mensch vertragen kann?
„Meinen Sie, das alles hätten andre Men=
„schen nicht schon vor Ihnen durchgedacht,
„und Diejenigen wären so gänzlich für
„Narren zu halten, welche die blos specula=
„tiven Wissenschaften zu der Schaale ihrer
„geheimen Verbindung zu machen und aller
„Thätigkeit im Weltlichen zu entsagen schei=
„nen? — Armer, gutherziger Mann! Wie
„weit sind Sie noch zurück! Und endlich
„wenn auch alle diese Zwecke zu erlangen
„wären; so würde doch die Maschine, mit

„welcher man dies große Werk regierte, so
„complicirt seyn müssen, daß selbst in dieser
„Composition der Keim der Vergänglichkeit
„liegen würde — Können Sie nun, bey
„allen diesen Schwierigkeiten, dennoch eine
„Anstalt von der Art fest gründen; so können
Sie mehr, wie der Schöpfer aller Dinge."

Ich. „Sie machen mich traurig. Also
„sind Sie so ganz gegen alle Verbindungen
„von der Art eingenommen?"

Der Mann. „Nichts weniger! Aber
„ich kann nur dreyerley Arten derselben
„gelten lassen. Die erste ist eine Verbindung
„von Männern, die in ihrem Schooße
„gewisse Ueberlieferungen bewahren, gewisse
„Wissenschaften treiben, und gewisse Plane
„ausführen wollen, (welche aber keinesweges
„weder mittel- noch unmittelbar in die Rechte
„der Staaten greifen,) die sich aber auf eine
„nie zu vermehrende festgesetzte Anzahl ein-
„geschränkt haben. Wenn dann unter Die-
„sen sich einmal ein Mittelmäßiger einschleicht;
„so kann derselbe wenigstens nicht viel scha-
„den, und wann er stirbt, wählt man einen

„Beſſern an ſeine Stelle. Dieſe Verbindung „exiſtirt, lächelt herzlich der übrigen Spiel= „werke, ſpielt zuweilen eine Zeitlang mit, „und bleibt unentheiligt. Die zweyte Art „von Verbindung, die ich gutheiſſe, iſt „eine ſolche, die nach einem Plane arbeitet, „der einfach und ſo geordnet iſt, daß man „ihn jedem Mittheilnehmer vollſtändig zur „Ueberſicht vorlegen kann, und in welchem „ſich alle Arten Menſchen paſſen, und mehr „oder weniger an der Vollkommenheit deſſel= „ben Theil nehmen können, wo Gute und „Schlechte gleichſam durch einen allmächti= „gen Trieb zu Einem Zwecke hingezogen „werden — Und auch eine ſolche Verbin= „dung exiſtirt hier, würkt das ſichtbar Gute „ſehr langſam, aber ſicher, an der Hand „der Natur, dreht die Ordnung der Dinge „nicht um, und wird von jener geheimen „Verbindung — nicht regiert, aber geleitet, „geſtimmt. Die dritte Verbindung, die ich „gelten laſſe, iſt, wenn eine Anzahl guter, „in Eintracht lebender Familien, ſich zu „einem neuen Staatskörper abſondert und „eine Einrichtung macht, die wenigſtens ſo „lange Stich hält, wie der Gang der menſch= „lichen Dinge es erlaubt. Aber dann muß

„ſich eine ſolche Colonie, wenn ſie nicht
„den herrſchenden Ton des Zeitalters anneh-
„men will, gänzlich von der übrigen Welt
„abſondern — Und auch dergleichen Colonie
„giebt es. Ich will Sie ſogar mit einer
„bekanntmachen. Sie wohnt auf einer In-
„ſel, wozu nur die Mitglieder des geheimen
„Bundes, welche die Rathgeber dieſes neuen
„Staats ſind, den Zugang wiſſen. Ich
„war eben im Begriff, morgen hinzureiſen;
„Wollen ſie mich begleiten? Sie ſind der
„erſte Fremde, dem dieſe Gunſt wiederfährt.
„Auch dürfen Sie, nach den Geſetzen, nicht
„länger wie drey Tage dort bleiben, und
„indeß nie von meiner Seite weichen. Sind
„Sie dazu erbötig?“

„Ich nahm mit Freuden ſein Anerbiethen
„an; Wir reiſeten durch mancherley Wege
„in der Nacht ab, kamen an eine See,
„fuhren in einem Fahrzeuge von ſonderbarer
„Bauart hinüber, und was ich da in drey
„Tagen ſehn konnte, will ich Euch nun
„kürzlich erzählen.“

So weit war ich wieder mit Leſung
der Handſchrift des Herrn Brick gekommen,

als wir bey Amsterdam die Anker warfen, da ich dann meine Papiere in die Tasche steckte und mit meiner Reisegesellschaft an das Land stieg.

Neuntes Capitel.

Aufenthalt in Amsterdam. Unerwartete Zusammenkunft. Bekanntschaften im Gasthofe.

„Es war doch wahrlich ein herrlicher An„blick, mein Herr Hauptmann!" sagte ich, und knöpfte die Taschen zu, denn es war ein grosses Gedränge da wo wir ausstiegen. „Ein herrlicher Anblick da draussen „auf de Laag, so einen ganzen Wald von „Schiffmasten zu sehn. Mich reuet die Reise „in der That nicht. Ach! und das Gewimmle „von kleinen Fahrzeugen zwischen der Stadt „und der innern Reyhe von Pfählen. Was „vermag nicht der menschliche Erfindungs„und Erwerbungsgeist!" Indem ich noch so fortredete, zupfte mich ganz leise ein Mann von hinten her am Rocke, winkte mir, zeigte mir einen Brief, und gab mir zu verstehn, er habe mir etwas zu sagen. Zu gleicher Zeit wurde der Hauptmann, welcher in einem grünen Rocke vor mir hergieng, von einem andern Menschen auf das Zärtlichste umarmt, und sollte dadurch abgehalten werden, im Gedränge sich nach mir umzusehn. Aber ich war zu sehr mit den Künsten der Seelenverkäufer theoretisch und practisch bekannt geworden, um mich in diese Falle führen zu lassen. Ich gab meinem zudringlichen Winker einen derben Rippenstoß, und arbeitete mich zu dem Officier hindurch, der indessen seinen zärtlichen Umarmer bey beyden Ohren gefaßt hatte, und nach einer kräftigen Maulschelle laufen ließ. So kamen wir dann ohne weitres Abentheuer, durch einen Schwarm von Menschen, wie ich ihn noch nie gesehn hatte, bis in die Stadt Lion, einen Gasthof, wo mein Führer sehr bekannt war, obgleich er eigentlich in Harlem die letzten Jahre im Quartier gelegen hatte.

Es war heute zu spät zu dem alten Herrn van Haftendonk zu gehn, denn er wohnte weit in dem Theile der Stadt, den man die **alte Seite** nennt, und unser Gasthof lag auf der **neuen Seite**, und doch verlangte uns sehr nach einiger Nachricht, ob der Sohn angekommen wäre, oder nicht. Der Hauptmann beschloß daher, einen guten Freund aufzusuchen, um von Diesem genaue Erkundigung einzuziehn, ehe wir uns in Haftendonks Hause sehn liessen.

Unterdessen gieng ich in das große Wirthszimmer, ließ mir Thee geben, rauchte ein Pfeifchen, und machte meine kleinen Bemerkungen über die fremden und einländischen Gäste, welche da durcheinander saßen, giengen, spielten, schwatzten u. s. f. Es war eine seltsame Sammlung von Leuten und, ich gestehe es, noch ganz voll von den ernsthaften Bemerkungen über das Dichten und Trachten der Menschen, die ich in Bricks Manuscripte gelesen hatte, fiel mir oft ein, wie doch Jeder sich seine eigene Welt in dieser Welt schafft. Der Verliebte ist in einer Gesellschaft, seiner Meinung nach, der Erste, wenn ihn nur seine Geliebte vorzieht, und zeigt sich in allen Stücken von einer schiefen Seite, sobald er sich etwa mit ihr gezankt hat, und ihm diejenige Selbstzufriedenheit fehlt, die nur die Gunst seiner Schönen ihm gewähren kann — Er sieht sonst niemand. Der Edelmann sieht mehrentheils nur Adeliche, unbekümmert um die wahre Achtung Anderer, der Musiker nur Virtuosen als seinen Kreis an. Der Fürstenknecht lebt von den Blicken des Prinzen, und wundert sich gewaltig, wenn dies nicht für jedermann gültige Münze, wichtiges Interesse ist. Der Kaufmann denkt, wenn er Credit und Geld hätte; so wäre er ein Mann, den Jeder beneiden müßte — Wie wenig Menschen giebt es! Sie vergessen alle ihre Menschheit über ihre Personalität. Das sieht man dann auch in allen ihren Gesprächen hervorleuchten, mögte auch Einer noch so sehr den allgemeinen Weltbürger spielen wollen; Und wenn von großen Weltbegebenheiten die Rede ist; so denkt Jeder nur zuerst an die wichtigen Folgen, welche daraus für seinen Stand, für sein Gewerbe entstehen. Es wäre würklich der Mühe werth, zuweilen ein Protocoll über solche Wirthshausgespräche zu führen. Es pflegt sich dann das Ganze gewöhnlich in gewisse Parthien, in gewisse Chöre zu theilen, deren jedes einen Stimmführer hat, und zwischendurch hört man dann einmal ein schwaches Instrument mit unter, das, wie eine Bratschenstimme in einer gewöhnlichen Symphonie, immer nur Mittelstimme bleibt, und nie allein klingt. Es giebt Menschen, die würklich blos dazu gebohren sind, zeitlebens solche Ripien=Bratschenstimmen zu machen, nichts obligat zu spielen, so wie Andre, die zwar auch keine Hauptmelodie führen können, dennoch, wie die Waldhörner, hie und da durch einzelne Töne, grössern Nachdruck geben.

Mit diesen und ähnlichen Bemerkungen hatte ich mich vergnügt, als meine Aufmerksamkeit, durch das Gespräch an einem kleinen Nebentische, auf einen andern Gegenstand gelenkt wurde. Es saß da ein teutscher Arzt, ein junger Candidatus theologiae, und ein Kaufmann, wie ich nachher erfuhr.

Der Arzt. „Ja! Er ist gestern „gestorben. Schade um den jungen Men„schen! Ein gesunder Körper! Keine An„zeigen eines morbi chronici; Die „innern Theile alle frisch und unverletzt. „So können aber dergleichen Inflamma„tionskrankheiten in wenig Tagen dem „robustesten Jünglinge das Garaus machen. „Der Doctor Labberhuis hat gewiß nichts „versäumt; Ich habe alle seine Recepte „gesehn."

Der

Der Kaufmann. „Es ist traurig!
„Der einzige Sohn! Und der Vater steht
„sehr fest, macht gute Geschäfte."

Der Candidat. „Und wird nun schwer=
„lich wieder heyrathen, denn er ist ein alter
„Mann. Um desto mehr Gutes kann er
„aber künftig den Armen thun. Der Do=
„mine * Lummeldick rühmt dieses Haus unge=
„mein, und versichert, der Jüngling sey in
„den christlichsten Gesinnungen verschieden,
„und habe aufrichtigst den Kummer bereuet,
„welchen er seinem Herrn Vater verursacht."

Der Kaufmann. „Kummer hat er
„dem Vater eben nicht verursacht; Es war
„ein bloßes Misverständniß. Das Frauen=
„zimmer, mit dem er sich in Riga versprochen
„hatte, ist aus einem guten Hause, und
„auch reich. Aber böse Leute hatten dem
„alten Haftendonk die Sache von einer
„unrechten Seite vorgestellt und, nehmen
„Sie mir's nicht übel, Herr Candidat! Man
„giebt Ihrem Domine hier auch nicht ohne
„Wahrscheinlichkeit viel Schuld."

---

* So nennt man in Holland die Prediger.

Der Candidat. „Erlauben Sie, mein
„Herr! Da thut man ihm, wie nur leider!
„gar zu gern dem geistlichen Stande, höchst
„Unrecht. Er hat nach Gewissen geredet,
„und der junge Mensch hätte doch den
„väterlichen Willen, wenn er damals christ-
„liche Gesinnungen gehabt hätte, ehren
„müssen."

Der Kaufmann. „Er hatte Anfangs
„nicht an der Einwilligung seines Vaters
„gezweifelt. Die Antwort blieb etwas lange
„aus, und da hatte er sich ein wenig zu weit
„eingelassen."

Der Arzt. „Ich verstehe. O! das
„ist sehr zu verzeyhn. Wir hängen von der
„Organisation unsres Körpers ab, und den-
„ken Sie Sich zwey junge Leute! Fleisch und
„Blut!"

Der Kaufmann. „Unterdessen war
„dem alten Haftendonk, vermuthlich durch
„Ihren würdigen Domine —"

Der Candidat. „Erlauben Sie!"

Der Kaufmann. „Nun! ich lasse es
„dahin gestellt seyn; Genug! es war ihm gesagt
„worden: Sein Sohn vernachlässige in Riga
„die Handlungsgeschäfte des Hauses, habe
„sich mit einer schlechten Person eingelassen,
„lebe lüderlich, mache Schulden —"

Der Arzt. „War denn das nicht
„also?"

Der Kaufmann. „Nichts weniger! Er
„lebte sehr ordentlich. Man hatte vermuth-
„lich die Briefe an den Vater aufgefangen,
„worinn er um die Einwilligung zu seiner
„Heyrath gebeten hatte; Kurz! der Vater
„schrieb auf einmal: er solle augenblicklich
„nach Holland kommen und nimmermehr an
„die vorhabende Verbindung denken."

Der Arzt. „Der arme Mensch! Das
„war ja, um ein Fieber zu bekommen."

Der Kaufmann. „Nun wüßte er sich
„nicht zu helfen. Er ließ nur ein Paar Zeilen
„an seine unglückliche schwangre Braut zurück,
„eilte in der Nacht fort, und hoffte, bey seiner
„Ankunft hier alles gut zu machen."

Der Arzt. „Er muß auf der Reise sein „Blut fürchterlich erhitzt haben; Es kann „nicht anders seyn."

Der Kaufmann. „Unterdessen befand „sich ein Officier, der hier in Diensten, aber „ein Liefländer von Geburt ist, eben in „Riga, als dies vorgieng. Er war ein „Freund des Meinhardtschen Hauses, und „kannte auch den alten Haftendonk. Da er „eben im Begriff stand, hierher nach Holland „zurückzugehn; übernahm er es, unterwegens „in allen großen Städten dem Flüchtlinge „nachzuspüren. Natürlicherweise konnte er „die Sache nur einseitig ansehn. Er schickte „also eine Estafette voraus, hierher an den „Vater, erzählte Diesem, sein Sohn habe „ein ehrliches Mädchen von gutem Hause „verführt und verlassen, er bäte daher um „Vollmacht, ihn auffangen und anhalten zu „dürfen."

Der Candidat. „Ich meinte aber, das „geschwächte Frauenzimmer wäre mitgereist?"

Der Kaufmann. „Nein! Sie folgte „mit einem andern Freunde nach."

Der Arzt. „Das ist ein recht verwik=
„kelter Handel! Aber was sagte denn der
„Vater, als er den Brief bekam?"

Der Kaufmann. „Er wußte freylich
„nicht, was er sagen sollte. Er sahe wohl,
„daß hier ein Irrthum vorgehen müßte, und
„der Sohn war ja auf seinen Befehl abge=
„reiset. Indessen gab er doch Vollmacht, den
„jungen Mann anzuhalten, ihm das Frauen=
„zimmer mit Gutem oder Bösem antraun zu
„lassen, und Beyde hierherzuführen."

Der Candidat. „Ohne Sie zu unter=
„brechen, mein hochgeehrtester Herr! Nicht
„wahr, sie haben den Sohn nicht unter=
„wegens angetroffen? Er kam früher hier
„an."

Der Arzt. „Ja! und wurde sogleich
„von einer heftigen Pleuritide befallen, an
„welcher er auch gestorben ist."

Der Kaufmann. „Man weiß nun
„noch nicht, was aus dem Frauenzimmer
„geworden ist; Der Officier ist auch noch
„nicht angekommen."

Die Leser können sich leicht vorstellen, mit welchem Interesse ich diese Geschichte anhörte, was für Ideen in mir erweckt wurden — Also war der eigentliche Ehemann tod, und wenn die Frau noch lebte; so war ich so unbezweifelt gültig verheyrathet, wie irgend ein Mensch in der Welt — Aber in den Umständen, darinn ich mich befand, ohne Vermögen, ohne Stand! — Ich erwartete mit großer Ungeduld die Zurückkunft des Hauptmanns, hütete mich aber wohl, gegen die Fremde mir etwas von dem Antheile merken zu lassen, den ich an der Geschichte nahm.

Kaufmann und Candidat waren inzwischen fortgegangen, und der Doctor saß allein da. Sogleich gesellte er sich zu mir, überhäufte mich mit unzähligen Fragen und schien überhaupt ein zudringlicher Mensch zu seyn. In weniger wie einer halben Stunde hatte er schon eine Menge Annecdoten ausgekramt, die ich nicht zu wissen verlangte, erboth sich, mich in Amsterdam herumzuführen, und fragte endlich auf einmal: ob ich schon das Theatrum anatomicum gesehn hätte? „Wir haben," sagte er; „heute einen

„Körper aus dem Raspelhause bekommen,
„der morgen angefangen wird, seciert zu
„werden. Ich will Sie um neun Uhr Vor-
„mittags abholen." Alle meine Einwendungen, daß ich nichts von Anatomie verstünde,
waren vergebens, und ich mußte, um des Mannes loszuwerden, versprechen, ihn zur bestimm-
ten Stunde zu erwarten, worauf er fortgieng.

Nun war ich des Tumultes müde, und
wollte mich eben in ein Nebenzimmer zurück-
ziehn, um den Rest meiner Handschrift zu
lesen, als mein Hauptmann eilig hereintrat.
„Kommen Sie!" sagte er: „Ich muß Sie
„allein sprechen. Lassen Sie uns einen klei-
„nen Spaziergang vornehmen!" Wir giengen
der **Nieuwen Plantagie** zu, an welcher
das **Heeren Logement** der neuen Seite
liegt, und wandelten da auf und ab, wo er
mir, wie Sie leicht denken können, erzählte,
was ich schon wußte.

Jetzt berathschlagten wir uns, was bey
den Umständen anzufangen seyn mögte, und
nach langem Hin- und Herreden, fiel der
Entschluß dahin aus: Der Hauptmann sollte
am folgenden Morgen zu dem alten Hasten-

donk gehn, ihm alles erzählen und, da doch nun sein Sohn gestorben war, ihn zu einiger Freygebigkeit gegen mich ermuntern, so daß er mir wenigstens (denn er war sehr geizig) ein Geschenk und die Unkosten der Rückreise nach Hamburg zu gut kommen liesse. Dem Frauenzimmer, das mir angetrauet war, sollte ein Freund den Tod ihres Geliebten auf eine vorsichtige Art vorbringen, ihr und der Meinhardtschen Familie vorerst aber verschweigen, daß nicht er, sondern ich, ihr angetrauet worden. Indeß sollte man sie aber bewegen, gleich nach überstandnem Kindbette, nach Riga mit dem Kinde zurückzukehren. Der alte Haftendonk sollte sogleich an die Eltern schreiben, und sich zu einer jährlichen Summe verstehn, welche er seiner quasi-Schwiegertochter und dem kleinen unglücklichen Bastarte, als ein Zeichen, daß sie zur Familie gehörten, billigerweise geben mußte. Dabey sollte sich derselbe bemühn, mir baldmöglichst eine meinen geringen Talenten angemessene Stelle oder Bedienung zu verschaffen, und wann auch dies in Ordnung gebracht wäre; dann sollte ich wieder auftreten, meiner angetraueten Frau und ihren Eltern das Geheimniß entdecken, da sie mich dann, in Betracht der Umstände, gern zum Schwiegersohne annehmen, und ihre reiche und artige Tochter mir zum Eigenthume laßen würden.

Bey dieser Verabredung blieben freylich drey Dinge noch ungewiß, nämlich zuerst, ob nicht vielleicht die Kindbetterinn unterdessen gestorben wäre, (denn wir hatten sie in sehr schwachen Umständen verlassen) ferner, wie es alsdann und überhaupt um das Erbschafts: recht des kleinen wilden Zweiges der Hasten: doukschen und Meinhardtschen Familie aus: sehn, und ob die beyderseitigen Großeltern ihn legitimieren würden, und endlich, ob überhaupt unser ganzer Vorschlag von dem alten Hastendonk würde gutgefunden werden. Immer aber war das Ding gut ausgedacht, und wir hielten alle diese Vorschläge für so natürlich und billig, daß wir, voll Zuversicht, es werde auf diese Art zu Stande kommen, einen vergnügten Abend und eine ruhige Nacht zubrachten.

Des folgenden Morgens machte sich grade mein Hauptmann auf den Weg zu dem Alten, als der Doctor, seinem Versprechen gemäß, bey mir vortrat und mich mit höflicher Gewalt

in das Collegium anatomicum schleppte.
Es war noch früh, als wir dahinkamen,
und ausser uns beyden nur der Prosector
gegenwärtig. Der Körper lag zugedeckt da.
„Ein starker, nervöser Körper!" rief der
Doctor: „Wollen Sie ihn einmal sehn?"
und damit deckte er ihn auf — Ich sah
hin — Sollte ich meinen Augen trauen? —
Ich sah noch einmal hin — Ja! er war
es — Und wer meinen Sie? — Haudritz!
niemand anders wie mein ehemaliger Verführer, Haudritz —

Dieser Anblick machte einen gewaltigen
Eindruck auf mich. Die beyden Aerzte bemerkten es, und fragten mich um die Ursache. —
„Und wie, in aller Welt," rief ich aus:
„kommen Sie zu diesem Körper, oder wie
„kam diese Creatur in das Raspelhaus?"
Mein Führer erzählte mir die genauen Umstände, die ich dann meinen Lesern hier kürzlich mittheilen will.

Haudritz war, wie Sie Sich's aus dem
ersten Theile meiner Geschichte * erinnern

---
* Seite 235.

werden, von uns einem Schiffscapitain anvertrauet worden, der ihn nach Ostindien bringen sollte. Da sich unterdessen das Schiff noch einige Zeit in Amsterdam aufhalten musste; erweckte diese Muße in dem bösen Haudritz den alten Hang zu schlechten Streichen aufs Neue. Er bestahl den Capitain, welcher ihn als Schreiber zu sich genommen hatte, wurde ertappt, und kam diesmal mit allerley Schlägen und dem Verluste seines Dienstes davon. Nun hatte er nichts zu leben und fieng daher sein edles Handwerk um so eifriger wieder an: Zur Sicherheit der Handlung haben die Kaufleute in Amsterdam das Recht, wenn sie auf der Börse, wo oft ein Mann seine ganze zeitliche Glückseligkeit in der Tasche stecken hat, einen Dieb, in dem Augenblicke des Diebstahls haschen, sich sodann jede Art von Genugthuung an ihm nehmen zu dürfen. Haudritz ließ sich verleiten, jemand auf der Börse nach der Uhr zu greifen, wurde aber erwischt und, da bekanntlich die holländischen Kaufleute auf dergleichen keinen Spaß verstehen, von dem Haufen zusammentretender Kaufleute halb tod geprügelt, und in den Canal geworfen. Da fischte ihn ein Jude auf, rettete ihm das

Leben, und nahm ihn in sein Haus. Zur Dankbarkeit bestahl er denselben, und wollte auch die Tochter verkuppeln. Da brach dem Israeliten die Geduld; Er würkte ihm ein Plätzchen im Raspelhause aus, woselbst er aber an einem hitzigen Fieber starb —

Das war dann das Ende eines Menschen, mit dem ich einst auf gleicher Bahn zum Laster fortschritt. Wer weiß, ob nicht, unter andern Umständen, bey anderm Körperbaue, bey andern Schicksalen, auch ich ein eben so durchtriebener Bösewicht geworden wäre? — Traurig, daß es solche Geschöpfe geben kann! — Was ist der Mensch? — Man hat schon oft gesagt, er sey ein unbeschriebnes Blatt, wenn er aus der Hand des Schöpfers kömmt, ein Blatt, worauf Schicksale und Erziehung alles zu schreiben vermögten. Ach! aber mögte man nicht versucht werden, zu glauben, es käme mancher schon als ein defectes, vielleicht gar vom Satanas verfälschtes Manuscript auf die Welt? — Wenn ich meine jetzige Denkungsart untersuchte; so fand ich freylich noch nicht in mir jene Fertigkeit, Festigkeit im Guten, die den Namen von Tugend verdient; aber doch Empfänglichkeit,

Gefühl für das Edle, und wenn etwas mich in meinem Vorsatze, zu meinem Glücke gut zu handeln, befestigen konnte; so war es dergleichen bestättigte Erfahrung, daß auch in dieser Welt jede Verirrung vom graden Wege, eine verhältnißmäßige Strafe nach sich zieht.

Solche Gedanken beschäftigten mich ernstlich, und ich konnte nicht länger den Anblick dieser Leiche ertragen; Ich beurlaubte mich daher von meinem Gefährten, und wollte nach Hause gehn. Indessen verirrte ich mich in der großen fremden Stadt, und da mir bange war, ich mögte in enge gefährliche Winkel gerathen (obgleich man wahrlich weniger in Amsterdam zu befürchten hat, als in manchen kleinern Städten) und sich's eben traf, daß ich die Kalver-Straat erreichte, in welcher eine große Anzahl Kaffeehäuser sind, trat ich in das französische Kaffeehaus.

Der erste Mann, welcher mir in den Weg kam, war ein ..... er Officier. Da er grade zur Thür hinauswollte, als ich hineingieng; blieben wir beyde stehn, um uns einander Raum zu machen, und das gab mir

Zeit, ihn genauer zu betrachten. Ein kleines Muttermal, das er am Kinne hatte, und das mir von Ungefehr gleich in die Augen fiel, machte mich aufmerksam. Der Vetter der Frau von Lathausen, welcher mich in den .... Dienst brachte, hatte eben ein solches Mal, und an Figur und Anstande waren sich beyde vollkommen gleich, nur daß der Officier, den ich hier sahe, freylich viel älter schien. Sobald mich nun diese Aehnlichkeit überraschte, wozu vielleicht der Umstand kam, daß mein Kopf noch von dem Anblicke des todten Haudritz eingenommen war, und mir nun um desto lebhafter alle Erinnerungen der ehemals in seiner Gesellschaft erlebten Schicksale und der dabey interessirten Personen ins Gedächtniß zurückkehrten — Kurz! ich war, sobald ich den Officier genau angesehn hatte, fest überzeugt, daß es der Herr von Redmer war; und wie ich in der Folge erfuhr, hatte auch er, vermuthlich durch den Ausdruck von Verwunderung, den er auf meinem Gesichte las, aufmerksam gemacht, eine Ahndung bekommen, daß ich sein ehemaliger Recrut seyn könnte. Nun war ich ein .... scher Deserteur, und hatte also in der That viel von List oder Gewalt zu befürchten, wenn ich erkannt würde. Da aber der Herr von Redmer selbst damals Verdruß im Regimente gehabt hatte, wie wir gehört haben; * ließ ich mir gar nicht einfallen, daß er noch so eifrig auf seinen Dienst |seyn würde, mir weiter nachzuspüren. Ich erholte mich daher bald von meinem Schrecken, blieb noch eine kleine Weile auf dem Kaffeehause, und ließ mich dann durch einen sichern Mann zurück nach der Stadt Lion begleiten.

Gegen Mittag kam der Hauptmann zurück und brachte nicht die tröstlichste Nachricht mit. Der alte Haftendonk war, wie es schien, geneigt gewesen, statt dem Officier zu danken, wie er es wohl verdient gehabt, ihm die Schuld des unglücklichen Erfolgs aufzuladen. Von mir hatte der alte Geizhals nichts wissen wollen. Doch sagte der Officier: er sey gegen das Ende ihrer Unterredung nachgebender geworden; Ich solle mich nur auf ihn verlassen, und dafür hafte er, daß ich frey nach Hamburg zurückgeliefert werden sollte; Immer mögte ich mir's indessen gefallen lassen, noch einige Wochen hier in

---

* Im ersten Theil Seite 36.

Amsterdam mich umzusehn. Der gute Mann gab mir auch Geld, und versprach unterdessen weiter für unsern Plan zu arbeiten.

Ich wendete also die folgende Zeit an, in dieser großen Stadt allerley Merkwürdigkeiten zu sehn; und, in der That, wohin ich nur blickte, da stieß mir etwas Sonderbares auf. In Amsterdam ist eine starke Auflage auf die Kutschenräder gelegt. Wer daher nicht sehr reich ist, der fährt mit zwey Rädern, und die gewöhnlichsten Fuhrwerke haben gar keine Räder, sondern bestehen aus Kasten, die man auf Schleifen gesetzt hat, und wobey der Kutscher nebenher zu Fuß geht, welches dann freylich einem Fremden sehr auffällt.

Die Begräbnisse werden bey Tage vorgenommen, aber nichts destoweniger gehen Leute mit brennenden Laternen voraus und nebenher.

Ich machte nach und nach angenehme Bekanntschaften unter Fremden, in deren Begleitung ich, wenn der Hauptmann nicht Zeit hatte, mit mir zu gehn, die Stadt durch-

durchlief. Eben fällt mir ein, daß ich vergessen habe, Ihnen den Namen meines ehrlichen Hauptmanns zu melden; Er hieß von Dobelmayer.

Endlich gelang es diesem Freunde, den Herrn van Haftendonk zu bewegen, mich wenigstens zu sehn. Ich gieng hin, hatte aber unglücklicherweise meine Füße nicht genug auf den unzählichen Decken, Kratzern, Matten u. d. gl. abgestrichen, welche vor und in dem Hause herumlagen. Als ich nun eine schöne Treppe hinaufgestiegen, die zur Bequemlichkeit so glatt wie ein Spiegel gerieben und gewächst war, entdeckte eine dicke Magd, welche mir entgegenkam, zu ihrem größten Schrecken noch etwas Schmutz an meinen Schuhen. Sogleich nahm sie mich, wie ein Kind, auf den Arm, trug mich wieder hinunter, und ließ mich nicht eher wieder hinauf, bis meine Schuhe ganz sauber waren. Dieser comische Auftritt brachte mich ein wenig aus meiner Fassung, indessen besann ich mich doch bald wieder, und brachte mein Anliegen dem phlegmatischen, ernsthaften, dicken Herrn van Haftendonk aufs beste in französischer Sprache vor, wobey er ungefehr aussah, als Einer, der sich etwas erzählen läßt, um einschlafen zu können. Wenn sein seelenloser Blick auf mich fiel; so glänzte nicht das geringste Interesse aus seinen Augen hervor, sondern er hatte das Ansehn eines Menschen, der auf einen leeren Platz hinstarrt. Als ich lange, und mit allem Feuer der Beredsamkeit geredet hatte, fragte er mich ganz kaltblütig: „was Myn Heer eigentlich für Geschäfte machte?" Dies setzte mich in die Unkosten, meine Erzählung von Neuem wieder anzufangen. Er hätte sie, glaube ich, auf dieselbe Art noch zehnmal angehört, wenn nicht sein Buchhalter gekommen wäre, ihm etwas zu melden, worauf er mir ganz trocken *Adieu* sagte.

Als ich meinem Freunde diesen Ausgang der Sache erzählte, rieth er mir Geduld an, versprach nochmals das Seinige zu versuchen, und um meine Leser nicht länger aufzuhalten, will ich Ihnen nur kurz sagen, was wir nach drey Wochen erlangten. Der Alte setzte der Halbwitwe seines Sohns eine kleine Summe zum Unterhalte aus, und war davon zufrieden, daß man ihr vorerst verschwiege, wie es mit der Trauung gewesen sey; wie es aber mit dem Kinde gehalten werden sollte, darüber wollte er sich noch nicht bestimmen. Mir gestand er nichts zu, wie das Reisegeld und ein kleines Geschenk von zwanzig Ducaten, wovon ich dem Hauptmanne die mir vorgestreckte Summe erstattete und das Uebrige in Amsterdam verzehrte. Zugleich erlangte ich noch, mit genauer Noth, daß man eine Acte verfassen ließ, in welcher man mir bescheinigte, daß ich würklich der Mann wäre, mit welchem man das kranke Frauenzimmer in Hamburg getrauet hatte. Uebrigens überließ man es mir, davon Gebrauch zu machen oder nicht, und mir selbst eine Laufbahn zu eröfnen. Der Herr von Dobelmayer aber versprach, im folgenden Jahre, da er wieder nach Riga gehn würde, für mich bey der Meinhardtschen Familie zu reden, und wir verabredeten desfalls einen fortdauernden Briefwechsel.

Es war nun mein fester Entschluß, baldmöglichst nach Hamburg zurückzugehn, aber ich fand keinen Beruf, länger Schauspieler zu seyn. Da wälzte ich nun eine Menge Plane in meinem Kopfe umher, und endlich fiel mir ein, daß, weil ich doch ein guter Tonkünstler wäre, ich mich auf diese Art vielleicht nicht nur zu einem reichen Manne, sondern auch vielleicht einmal zu einem Concertmeister bey einem großen Fürsten, erheben könnte. Ich schrieb diesen meinen Plan an Reyerberg nach Hamburg, versprach, ihm bey meiner baldigen Hinkunft daselbst meine übrigen Schicksale weitläuftig zu erzählen, und gab indeß, zur Probe, in Amsterdam ein öffentliches Concert, in welchem ich großen Beyfall fand, und auch ziemlich viel Geld verdiente. Zu meiner äussersten Beunruhigung aber erschien auch in diesem Concerte der Herr von Redmer, und da ich nicht die Vorsicht gebraucht hatte, meinen Namen auf dem Ankündigungszettel zu verschweigen; sah ich nun gar deutlich, daß er seit diesem Tage jeden meiner Schritte beobachtete, mich an allen öffentlichen Oertern aufsuchte, und sich doch stellte, als hätte er mich nie gesehn. Nun fieng ich an, sehr ängstlich zu werden, und beschloß, mich baldigst aus Amsterdam zu entfernen, in welchem Vorsatze ich durch einen sonderbaren Zufall noch denselben Tag bestärkt wurde.

Ich gieng nemlich mit zwey meiner Bekannten durch eine kleine Gasse, welche der

Servet-Steeg heisst, und in welcher nur lüderliche Weibsbilder und Kupplerinnen wohnen. Sie pflegen mehrentheils vor den Thüren zu sitzen und den Durchgehenden die Hüte wegzunehmen, die man dann mit einem Trinkgelde einlösen muß. Des Abends ziehen sich diese Weiber an und gehen in die so genannten Musicos oder Speel-Huiser, wo sie mit ausschweifenden Leuten Bekanntschaft machen, und von denselben entweder zurück in die Häuser der Kupplerinnen oder in ein oberes Zimmer (*boven*) geführt werden. Denn in den untern Zimmern der Musicos geht nichts Unrechtes vor, und diese werden von sehr gesitteten Leuten besucht.

Nachdem meine Begleiter mir dies erklärt hatten, indem wir über den Servet-Steeg giengen, bekam ich Lust, doch auch einmal ein solches Speel-Huis zu sehn. Wir besuchten also noch an dem Abend eines derselben. Es wurde da getanzt, getrunken, gespielt, und es gieng ziemlich laut darinn her. Der Lerm war mir aber zu groß, und wir beschlossen fortzugehn, verliessen auch würklich das große Zimmer, und mußten, um aus dem Hause zu kommen, vor einer Thür vorbey, durch welche ich so heftig lachen hörte, als wenn — ja! wie soll ich sagen, als wenn darinn — einem Frauenzimmer Gewalt angethan würde. Da ich zugleich des Herrn von Redmer Stimme erkannte; war ich neugierig genug, an der Thür zu horchen, und das zu meinem Glücke, denn ich hörte, wie der Bösewicht ein Mädchen beredete, und sie eine Rolle auswendiglernen ließ, durch welche sie mich einnehmen sollte. Vermuthlich hatte er mich in das Haus treten gesehn; Die ganze Absicht der Verhandlung aber war, so viel ich verstehn konnte, dies Weibsbild sollte mich in ihr Garn zu locken suchen, und mich ihm dann in die Hände liefern.

Dieser Zufall, wie ich schon gesagt habe, bestärkte mich in meinem Vorsatze, baldmöglichst Amsterdam zu verlassen. Ich nahm zärtlichen Abschied von meinem Wohlthäter, dem Hauptmanne von Dobetmayer, der mir nicht nur sein Versprechen, fleissig Briefe mit mir zu wechseln, und für mich zu arbeiten, erneuerte, sondern mir auch Empfehlungsschreiben nach Hamburg, Lübeck und Bremen verschaffte, in welchen Briefen mich die amsterdamer Kaufleute als einen der größten Virtuosen auf der Violine beschrieben; Zur Sicherheit, so wie des Wohlklangs wegen, hatte ich meinen Namen Peter Claus in Signor Pedro Clozetti umgeschaffen, wonach dann auch die Briefe eingerichtet waren. Ich fand ein abgehendes Schiff, bestieg dasselbe, und meine Leser sehen mich also jetzt in einer neuen Laufbahn, als reisender Musiker, mein Glück suchen.

Zehntes Capitel.

Abreise von Amsterdam. Rest des Manuscripts. Rückkunft nach Hamburg.

Die Gesellschaft, welche ich auf dem Schiffe antraf, war nicht die ausgesuchteste. Ein alter holländischer Officier, mit einer schwarzen Perüke und seiner ganzen Familie, die, um eine Erbschaft in Hildesheim zu holen, sich auf den Weg gemacht hatten — lauter elende Carricaturen! Sodann junge Kaufleute, ein Professor aus Leiden, eingenommen von seinen Kenntnissen in orientalischen Sprachen, in welchen es ihm auf unserm Schiffe niemand leicht zuvorthun konnte; Ein junger Jurist, gleichfalls aus Leiden, ein französischer Commödiant, und endlich ausser viel andern unbedeutenden Personen, noch ein junger teutscher Edelmann mit seinem Hofmeister. Dieser schien ein unerträglicher Egoist zu seyn, sprach mit beleidigender Selbstgenügsamkeit nur immer von seiner eignen Perſon, ſo daß jede ſeiner groben Reden von den Ausdrücken durchflochten war: „Sehen Sie, mein Herr! Mich kennen „Sie nicht; Ich bin ein ſolcher Mann, der „ſtrenge auf Wahrheit und Gerechtigkeit „hält," oder: „Ich ſehe alles von der gra= „den Seite an; Mich kann nichts verblenden; „Ich bin über alle Vorurtheile hinaus, ſo „feſt, ſo ohne Anſehn der Perſon." Und ſo gieng dann ſein Lob gewöhnlich auf aller übrigen Leute Unkoſten hinaus. „Ich bin „nicht, wie die mehrſten andern ſchwachen, „elenden Menſchen, welche die Sachen nur „halb, nur durch Blendgläſer betrachten" u. ſ. f. Da er ſich auf dieſe Art als den Mittelpunct aller Weisheit und Unfehlbarkeit anſah; lieſ= ſen wir ihm die Freude, ſich ſelbſt allein zu genieſſen. Natürlicherweiſe muſſten ihm auch ſo mittelmäßige Leute, wie wir waren, zur Laſt ſeyn. Einer nach dem Andern ſchlich ſich neben ihm fort, und ich, da ich von der ganzen Geſellſchaft nicht ſehr erbauet war, ſtieg auf das Verdeck, ſetzte mich da hin, zog meine Handſchrift wieder hervor, und las den Reſt von Bricks Erzählung, der alſo lautete:

Rest des Manuscripts.

„Die ganze Insel hatte eigentlich keine
„durch schriftliche Gesetze gegründete Regie=
„rungsform; aber dagegen die allernatür=
„lichste, die man haben kann, und diese
„beruhete ungefehr auf folgende Grundsätze:
„Die sechzig Familien, welche sich gleich
„Anfangs dort festgesetzt, hätten die Hälfte
„der Insel in eben so viel gleiche Theile
„getheilt. Auf jedes dieser Theile wurde
„sogleich ein kleines Haus gebauet, das für
„eine Familie von vier erwachsenen Personen
„groß genug war. Felder, Wald, Gärten,
„kurz! alles auf dieser Hälfte war also in
„gleiche Theile getheilt, und jedem Hause ein
„solches Stück angewiesen. Ehe die Familien
„hingezogen waren, hatte man sich zuerst
„davon versichert, daß nicht eine einzige Per=
„son darunter wäre, die nicht irgend ein dem
„gemeinen Wesen nützliches Gewerbe treiben
„könnte, und gern triebe; Auch hatte man
„sich vorher zu gewissen vorläufigen Puncten
„auf das Heiligste verbunden. Ich will einige
„derselben hersetzen, die mir itzt grade noch
„in Gedanken schweben: Jeder Stand, jedes
„Gewerbe, das etwas zum gemeinen Besten

„beytrug, wurde ohne Unterschied gleich hoch=
„geschätzt. Alle Einwohner der Insel hatten
„sich eine gleiche, vernünftige, bequeme, dem
„Körperbaus und dem Clima angemessene
„Kleidung vorgeschrieben. Keine Bücher,
„keine Schriften durften mit auf die Insel
„genommen, eben so wenig durfte dort irgend
„etwas geschrieben werden, und alle wissen=
„schaftliche Kenntnisse wurden durch münd=
„liche Ueberlieferungen fortgepflanzt, so wie
„auch Jeder, der etwas zu wissen glaubte,
„seine Feyerstunden dazu anwenden konnte,
„diese Kenntnisse seinen Kindern und Freunden
„vorzuerzählen. War die Sache der Mühe
„werth; so pflanzte sie sich fort, die Thor=
„heiten hingegen vergaß man. Also gab es
„keine gelehrte Zünfte, und die Wahrheit
„war ein freyes Capital, wovon jeder nach
„Gefallen so viel besitzen und wieder ausspen=
„den durfte, wie er konnte, wollte, und
„Andre von ihm annehmen mogten. Zwanzig
„Häuser hatten immer vier gemeinschaftliche
„öffentliche Gebäude: Das eine zu Erziehung
„der Kinder beyder Geschlechter, die vom
„sechsten Jahre an bis in das vierzehnte Alle
„dem Staate gehörten, und eine gleiche Er=
„ziehung genossen. Alsdann aber wurde

„bestimmt, zu welcher Lebensart sie Geschick
„und Lust hatten: ob zum Unterrichte der
„Jugend? und dann blieben sie in diesem
„öffentlichen Gebäude, oder blos zum Land-
„baue, oder zu einem der wenigen Hand-
„werke, deren man bedurfte; und dann
„wurden sie in die Wohnhäuser vertheilt, wo
„grade ein Platz offen war, denn Alle mach-
„ten nur Eine Familie aus, und gelegentlich
„ohne Zwang, aber nach gutem Rathe und
„Ueberlegung, verheyrathet, wobey Rücksicht
„auf die Gemüthsart genommen wurde. Von
„heftigen und winselnden Leidenschaften hörte
„man nichts. Wer zur Arzeneykunde und
„Wartung der Kranken Geschick hatte, kam
„in das zweyte öffentliche Gebäude, wo
„Diese, deren es, bey so einfacher Lebensart
„wenige gab, verpflegt wurden."

„Vermehrte sich die Bevölkrung, also,
„daß in jedem Hause mehr wie vier erwach-
„sene Menschen oder zwey Paar wohnten;
„so nahm man von der andern unbebaueten
„Hälfte der Insel neue Landportionen von
„gleicher Größe dazu. Niemand aber durfte
„mehr bebauen wie sein dem Hause angewie-
„senes Stück, und dies Stück mußten die

„Bewohner jedes Hauses selbst bebauen,
„unbeschadet ihrer übrigen Gewerbe. Wald
„und Wiesen waren gemeinschaftlich, standen
„unter der Aufsicht der Aeltesten; Man aß
„Eyer und Milch der Thiere, aber nie das
„Fleisch, überhaupt wurde kein Thier getödtet,
„in der sichern Ueberzeugung, daß der
„Schöpfer dafür gesorgt hat, daß sich jede
„Gattung nur verhältnißmäßig vermehrt.
„Man hatte Mittel ersonnen, die Fluren
„gegen die Verheerung der Thiere zu bewah=
„ren; Gern gab man aber andern Creaturen
„einen Theil seines Ueberflusses; Wilde rei=
„ßende Thiere sah man dort nicht."

„Sobald jemand sechzig Jahre alt war;
„wurde er von der gewöhnlichen Arbeit frey=
„gesprochen und kam dann in das dritte öffent=
„liche Gebäude, um entweder Richter des
„Volks zu seyn, oder Aufsicht über die Erzie=
„her, oder über die Krankenverpfleger zu
„haben. Die alten Frauen aber besorgten
„die Küche in den öffentlichen Gebäuden,
„oder machten sich ein anders freywilliges Ge=
„schäft, denn vom sechzigsten Jahre an war
„Jedem Muße und Ruhe vergönnt; Wer
„aber so lange thätig gelebt hat, pflegt dann

„nicht gern müßig zu seyn. In dem vierten
„öffentlichen Gebäude wurden die achtzig Per-
„sonen, aus welchen die zwanzig Familien
„bestanden, täglich zweymal gespeist. – Die
„Stunden, welche den Mahlzeiten gewidmet
„waren, die Anzahl und die Art der höchst-
„einfachen Speisen, alles war bestimmt."

„Die Menschen wurden auf dieser Insel
„sehr alt. Die Leute, welche über achtzig
„Jahr erlebt hatten, machten den engern
„Ausschuß Derer aus, welche über die ganze
„Insel die Aufsicht hatten, und sich jedes
„Jahr einmal an dem großen Festtage ver-
„sammelten, wo sie, mit Zuziehung der
„Aeltesten jedes Stamms, berathschlagten,
„was im Allgemeinen zu thun wäre. Diese
„Greise waren die einzigen Priester auf der
„Insel, wie wir nachher hören werden."

Zwanzig Familien machten also eigentlich
„einen Stamm aus; aber die ganze Insel
„war nur wie ein einziges Haus zu betrach-
„ten, bewohnt von Menschen, bey denen
„kein Luxus, keine Unmäßigkeit, und kein
„Unterschied der Stände herrschte. Das
„Interesse eines jeden war das Interesse des

„Ganzen, und niemand hatte Reiz oder Ver-
„anlaſſung anders zu handeln, wie es die
„geſunde Vernunft mit ſich brachte, wobey
„ſich Jeder ſehr wohlbefand, worinn Jeder
„erzogen war, und welches ihm zum Bedürf-
„niſſe geworden war. Er kannte nichts
„andres, ſahe nichts andres, fühlte nichts
„andres; ſeine Lebensgeiſter waren immer in
„gehörigem Gleichgewichte, und ſein Körper
„nicht zu reizbar und nicht abgeſtumpft. Da-
„bey hatte niemand Nahrungsſorgen, denn
„auch von dem Unterſchiede der Vermögens-
„umſtände wuſſte man nichts. Es war hier
„kein Eigenthum; Jeder Handwerker muſſte
„wöchentlich ſein feſtgeſetztes Stück Arbeit in
„das Haus liefern, wo die alten Männer
„wohnten; jeder Landbauer den Ertrag ſeines
„Feldes auf den gemeinſchaftlichen Boden
„tragen, und von daher wurde Jeder mit
„Nahrung und Kleidung verſehn. Der von
„Natur Thätige half dem Trägern, denn
„ihm nützte ſeine größere Thätigkeit übrigens
„nichts, weil er nichts weiter damit erwerben
„konnte. Täglich wurden von den Richtern
„alle Häuſer und Felder beſucht, und nach-
„geſehn, ob Jeder die Verträge der Geſell-
„ſchaft erfüllte. Artete Einer aus (doch hatte

„man, bey dem guten Beyspiele und dem
„Mangel an falschem Interesse, in hundert
„und zwanzig Jahren nur Ein Beyspiel davon
„gehabt) so wurde Derselbe mit verbundnen
„Augen zu Schiffe gebracht, und bey den
„Si—mi—schi—rás ans Land gesetzt.
„Der Rückweg war nicht zu finden; niemand
„kannte die Insel wie die Mitglieder des
„geheimen Bundes in Si—mi—schi—rá,
„und kein Fremder durfte oder vielmehr konnte
„die Insel betreten, so wie auch kein Ein-
„wohner derselben je reisen durfte noch mogte.
„Eben so wenig kamen auch ausländische
„Producte in das Land, und die Stifter
„dieses Staats, welche sehr wohl einsahen,
„daß nichts so viel Einfluß auf die ganze
„Form eines Staats und die Sittlichkeit der
„Unterthanen hat, als der Gang, den die
„Handelschaft im Großen nimt, wollten
„keine Art von Handel einführen, um
„wenigstens so lange Meister über ihr
„Werk zu seyn, wie die Natur der Dinge
„es erlaubte."

„Landesverweisung war, wie schon gesagt
„ist, die einzige Strafe für die, welche die
„Ordnung des Staats stöhrten. Dies gieng
„um

„um so leichter an, da die Insel gänzlich
„unbekannt blieb; Aber wenn auch das nicht
„gewesen wäre; so würde man doch nie
„Todesstrafen eingeführt haben; denn die
„Richter waren sehr überzeugt, daß ein
„Mensch dem andern nichts nehmen darf,
„was er ihm nicht geben kann. Nun kann
„keine Regierung auf der Welt den Unterthanen
„das Leben, weder geben, noch zusichern;
„folglich darf sie auch Keinem das Leben neh=
„men. Jedem in der Welt muß es erlaubt
„seyn, sich sein System von Moralität zu
„machen, und andre Systeme anzuerkennen
„oder nicht — Das ist seine Sache — Aber
„der größere Theil hat das Recht, sich zu
„verwahren, daß der Mangel an Grundsätzen
„bey Einzelnen nicht die Ruhe des Ganzen
„stöhre. Folglich darf man durch die Mehr=
„heit der Stimmen jemand zwingen, gewisse
„vernünftige Gesetze anzuerkennen, und ihn,
„wenn er diese nicht halten will, verweisen,
„binden, zwingen, fesseln, ihn aus der
„**Reyhe der Bürger**, aber nie aus der
„**Reyhe der Menschen** ausstreichen; denn
„er war Mensch, ehe er Bürger war. Die
„bürgerliche Existenz giebt ihm der Staat, und
„kann sie ihm nehmen; aber die natürliche

„Existenz kann ihm nur Der nehmen, der sie
„ihm gegeben hat."

„Also beruhete die ganze Verfassung auf
„Natur. Die Sache selbst regierte, der
„gemeinschaftliche Vertrag und nicht die Per:
„son. Leidenschaft und Interesse hatten keinen
„Einfluß auf Geschäfte, und alles erhielt
„sich selbst."

„Der Umgang zwischen beyden Geschlech:
„tern war so unschuldig wie möglich, und
„dies ohne alle Kunst. Man hatte kein
„Beyspiel von unregelmäßigen Verbindungen,
„denn die einfache Lebensart erweckte nicht
„unzeitige Begierden, und eine Menge andrer
„Dinge, welche bey uns Gelegenheit zu Aus:
„schweifungen geben, fielen auch weg. So:
„bald jemand zu reifen Jahren gekommen
„war, und der, allen Geschöpfen eingepflanzte
„Trieb zur Begattung sich bey ihm regte;
„suchte er sich eine Gattinn, und fand sie
„leicht. Alle waren gleich reich, fast Keine
„gebrechlich noch entstellt, und beständige
„Geschäftigkeit und Aufsicht verhinderte die
„Entstehung sträflicher Begierden. Nie durfte
„(das war ein allgemein anerkanntes Gewohn:

„heitsgesetz) ein Frauenzimmer mit einer
„Mannsperson allein reden, sie müßten denn
„Mann und Weib gewesen seyn. Ueberhaupt
„sprach auf der ganzen Insel kein Mensch,
„unter sechzig Jahren alt, nie das Geringste
„heimlich mit einem Andern, denn man begriff
„nicht, was sie hätten zu sagen haben können,
„das nicht Jeder hätte hören dürfen, da Alle
„gemeinschaftliches Interesse hatten, Jeder
„frey thun durfte, was recht war, und bey
„völlig gleicher Erziehung nie, so wie bey
„uns, der Fall eintrat, daß man mit gewissen
„Leuten von gewissen Dingen gar nicht hätte
„reden können."

„Der Unterricht der Kinder war sehr
„einfach. Kenntniß der Natur und der Pflich-
„ten, das war es, was man sie lehrte.
„Man machte sie aufmerksam auf den maje-
„stätischen Bau des ganzen Weltgebäudes, und
„zeigte ihnen, wie auch in den kleinsten Thei-
„len dieser großen Maschine die höchste Ord-
„nung und Harmonie herrschen, wie hier
„nichts unnütz noch unthätig sey, die Voll-
„kommenheit des Ganzen zu befördern. Man
„stellte ihnen ein lebhaftes Bild ihrer gegen-
„wärtigen Bestimmung auf dieser Welt vor

„Augen, und bewies ihnen, daß, um darinn
„Glück und Ruhe zu finden, sie jene Harmonie
„der Natur nachahmen müßten. Aus diesem
„Gesichtspuncte zeigte man ihnen die Wichtig=
„keit aller häuslichen und geselligen Pflichten,
„nämlich so, daß sie sehn mußten, wie nur
„die vollkommenste Ausübung der Tugend
„allein den höchsten Grad von Glückseligkeit
„gewähren könne, und wie Derjenige seinem
„Interesse am mehrsten schadete, am mehrsten
„sich selbst beleidigte, der Andre kränkte. Dies
„war die Art des theoretischen Unterrichts,
„den sie erhielten. Der practische bestand in
„guten Beyspielen, in strenger Aufsicht auf
„ihre Sitten, in Rührung ihrer Herzen,
„durch seelenerhebende Gespräche — Aber
„hier durfte nur Wahrheit rühren, und gegen
„alle Eindrücke fantastischer Gegenstände wur=
„den sie stumpf gemacht. Sie durften nichts
„glauben, als was sie fassen konnten, aber
„auch an keinem Dinge gradehin zweifeln,
„das sie nicht einsahen. Von dem Wesen
„Gottes wurde ihnen in diesen jungen Jah=
„ren nichts gesagt, als daß dies Wesen,
„welches alles schaffe, erfülle und erhalte,
„über unsre Begriffe, und daß der einzige
„Weg es näher kennen zu lernen der sey, uns

„selbst, nach dem Muster des ganzen Welt-
„gebäudes, vollkommner zu machen, daß
„endlich, wenn sie auf diese Art ihr irdisches
„Leben nützlich hingebracht hätten, die Prie-
„ster, (die Greise) am Ende ihrer Tage sie,
„aus eigner Erfahrung, von dem unterrichten
„würden, was sie als Preis ihrer Arbeit zu
„erwarten hätten. Kein Mensch auf der
„Insel erhielt daher eher Unterricht in der
„höhern Weisheit, in den Geheimnissen der
„Religion, als nachdem er sechzig Jahre
„lang nützlich und redlich in der Welt gelebt
„hatte, und man fand nicht Einen, der,
„wenn er die Tugend ausübte, unruhig gewe-
„sen wäre, und gefragt hätte: warum er sie
„ausüben müsse? Jedermann glaubte gern,
„daß diese Vorschriften würkliche Offenbahrun-
„gen Gottes wären, weil jedermann fühlte,
„daß es Resultate der höchsten Weisheit und
„Güte waren, und sie verlangten keinen andern
„Beweis von der Wohlthat der Gottheit, als
„daß sie die Früchte derselben genossen."

„Um aber die Herzen der Einwohner von
„Zeit zu Zeit mit neuem göttlichen Feuer für
„die Tugend zu erwärmen, sie fester an ein-
„ander zu knüpfen, sie einen Grad von

„Enthusiasmus fühlen zu laſſen, der die
„Sinne rührte, ohne ſie zu betäuben, und
„der zugleich dem ganzen Volke Gelegenheit
„gäbe, ſich, wie eine einzige glückliche Fa-
„milie, zu gemeinſchaftlicher Freude verſam-
„melt zu ſehn; war jährlich ein großer reli-
„giöſer Feſttag angeſetzt. Hier wurde, mit
„majeſtätiſchen aber höchſt einfachen Cäremo-
„nien, die Gottheit, durch Geſänge, Tänze,
„bey mäßigen fröhlichen Mahlzeiten von den
„beſten Früchten der Inſel, geprieſen, und
„auſſer dieſem Tage, auf welchen ſich jeder
„Redliche das ganze Jahr hindurch freuete,
„war kein Tag zum äuſſern Gottesdienſte
„beſtimmt, damit dieſe wohlthuende Herzens-
„ergießung durch Gewohnheit nicht ihre
„Kraft verlöhre. Jedem einzelnen Menſchen
„aber blieb es überlaſſen, und es wurde ihm
„Bedürfniß der Seele, in einſamen Augen-
„blicken, wenn das Herz durch eine Reyhe
„guter Handlungen veredelt war, dies Herz
„vor dem Schöpfer aller Dinge zu entfalten,
„und der höchſte Genuß des Tugendgefühls
„war alſo ihr Gebeth, und brachte die Men-
„ſchen der Gottheit näher. An jenem großen
„Feyertage aber, der eigentlich drey Tage
„lang dauerte, wurden zugleich alle Haupt-

„angelegenheiten des Volks entschieden, Ge=
„richte gehalten, neue Vertheilungen vor=
„genommen, Ehen geschlossen, die Sechzig=
„jährigen losgesprochen u. d. gl. Ich wohnte
„grade einem solchen Tage bey. Wir stan=
„den des Morgens" —

Wo Henker! war denn der Rest des
Manuscripts? Ich hatte doch wahrlich nichts
davon verlohren; die Bogenzahl war noch
dieselbe, wie damals, als ich es zuerst auf
meiner Reise von Hamburg nach Koppenhagen
erbrach — Ich unglücklicher Mensch! Da
fehlte ja das Hauptstück, die Nachricht, wo
diese Länder lägen, welche Brick gleich An=
fangs versprach. Wer wird mir nun glauben,
daß das Ganze nicht ein Traum gewesen?
Ach! ich dachte es gleich, daß es wohl nur
ein ipse fecit vom Herrn Brick, Gott hab'
ihn selig! seyn mögte. Ich trauete gleich
nicht viel auf die Reichthümer, welche Neyer=
berg und ich mit dieser Handschrift verdienen
würden; Doch habe ich es für meine Pflicht
geachtet, Ihnen, wertheste Leser! dies Bruch=
stück so mitzutheilen, wie ich es empfangen
habe. Machen Sie nun damit, was Sie
wollen! Ich dächte, das beste wäre, so

unwahrscheinlich die Erzählung Ihnen auch
vorkommen mag, sie vorerst für wahr anzunehmen und, wie die Juristen zu sagen pflegen,
dem Vater in favorem partus zu glauben.
Reiset aber einer von Ihnen hin, diese Länder
zu suchen, so — reise ich nicht mit.

Der Wind war uns bey dieser Schifffahrt
wiederum sehr günstig, und es begegnete mir
nicht der geringste Unfall (weswegen ich aber-
mals gehorsamst um Verzeyhung bitten muß)
als daß ich gegen Abend eine heftige Colik
bekam. Der französische Comödiant war
der Einzige von der Gesellschaft, welcher auf-
richtiges Mitleiden mit mir zu haben schien
und mir treulich zur Hand gieng. Er war
au désespoir mir nicht helfen zu können,
doch wärmte er mir Servietten, wollte mir
durchaus ein Lavement geben, und seine
Dienstfertigkeit fieng beynahe an mir zur Last
zu werden, als er auf einmal freudig in die
Cajüte sprang, in welcher ich lag, und ein
Buch in der Hand hielt: „Mein Herr!"
sagte er: „Hier habe ich bey dem jungen Ju-
„risten, der oben auf dem Verdecke ist, ein
„Buch gefunden, ein goldenes Buch, in
„welchem Sie gewiß Mittel gegen Ihre

„Indigestion finden werden. Verstünde ich
„nur Latein! Aber Sie sind ja ein Gelehrter;
„Suchen Sie Sich selbst ein Recept aus!"
Ich mußte, um Seiner loszuwerden, das
Buch aufschlagen; Da sahe ich dann, daß
es eine Introductio in jus·digestorum
war, und der Franzose hatte geglaubt, es
sey darinn von einer jus de digestion (Ver-
dauungssuppe) die Rede. Ich konnte, so
krank ich auch war, mich nicht enthalten,
über die Unwissenheit des guten Narren zu
lächeln. Indessen wurde der Schmerz nach
und nach leidlicher, und als wir durch den
Niederbaum in Hamburg einfuhren, war
ich völlig hergestellt, und stieg gesund an das
Land.

Eilftes Capitel.

Was unterdessen dem armen Ludwig von Reyerberg wiederfahren ist. Signor Clozetti läſst sich in einigen Städten Teutschlands hören. Was ihm dort begegnet, bis er Secretair wird.

Mein erster Gang, als ich in Hamburg aus dem Schiffe trat, war, wie man sich vorstellen kann, meinen Freund Reyerberg aufzusuchen. Aber niemand wird sich so leicht eine Idee von dem Schrecken machen, der mich befiel, als ich hörte, er sey schon seit acht Tagen unsichtbar geworden, ohne daß man die geringste Spur von ihm entdecken könnte. Nur so viel wuſste man, daß ein vornehmer fremder Herr ihn habe zu sich bitten lassen, daß Dieser gleich nachher fortgereist sey, und daß man seit dieser Zeit auch nichts wieder von Reyerberg gehört habe. Ich gieng zu meinem Herrn Schröder, und auch Dieser bestättigte die Nachricht. Was

sollte ich davon denken? Hätte der gute Lud:
wig Gelegenheit gefunden, auf vortheilhafte
Art bey einem reichen Herrn angestellt zu
werden; so würde er doch seine Kleider,
seine Wäsche, seine Schriften mitgenommen,
und nicht alles so verworren in seinem Zim:
mer haben stehn lassen, wie ich es fand.
Er würde Abschied von seinen Freunden
genommen haben — Aber so hatte ich alle
Ursache einen für ihn unglücklichen Vorfall zu
vermuthen. Da ich dies Geheimniß nicht
entwickeln konnte; tröstete ich mich mit der
Hofnung, daß die Zeit alles aufklären, und
das Schicksal, welches uns schon ein paar:
mal so unerwartet wieder zusammengeführt
hatte, auch diesmal uns nicht auf immer
würde haben trennen wollen.

Für mich war nun weiter nichts zu thun,
als daß ich von dem Herrn Schröder, der
mein Fach ohnehin schon wieder besetzt hatte,
meine Entlassung erbat, um meine musika:
lische Laufbahn anzutreten.

Vorher aber erkundigte ich mich, wie man
denken kann, nach meiner Frau Gemahlinn.
Sie war mit dem Leben davon gekommen,

und hatte auch das Kind glücklich zur Welt gebracht. Unterdessen war ihr Bruder, der Herr Meinhardt, aus Riga angekommen; und das grade zu der Zeit, als von Amsterdam die Nachricht einlief, der junge Haftendonk sey gestorben. Hierüber war sie nun freylich äusserst betrübt gewesen, doch richtete der Gedanke, wie eine ehrliche Frau in ihre Vaterstadt zurückkehren zu dürfen, sie wieder auf. Sie reiste, sobald sie sich ein wenig erholt hatte, mit ihrem kleinen Sohne, von dem Bruder begleitet, nach Riga ab, und das zwar des Tages vorher, ehe ich nach Hamburg kam. Wenige Tage darauf verließ auch ich diese Stadt.

Zuerst fuhr ich mit meinen Empfehlungsschreiben nach Bremen; Aber ich würde die Geduld der Leser ermüden, wenn ich Ihnen eine ausführliche Beschreibung meiner Reise liefern wollte. Deswegen will ich mich begnügen, Ihnen nur das Merkwürdigste zu erzählen, was ich, während derselben, erfahren und bemerkt habe.

Ein Virtuose, der reist, um sich hören zu lassen, baue nur ja nicht auf die Größe seines Talents. Wenn er in einem einfachen Rocke mit dem gewöhnlichen Postwagen ankömmt, sich bescheiden ankündigt, ohne daß ein Herold ihn unter das müssige Publicum ausschreyet; so mag er immerhin besser wie der selige Generalfeldmusicus Orphäus spielen; er wird wenig Bewundrer finden, und eine kärgliche Einnahme haben. Selbst die wahren Kenner, deren es in einer Stadt immer wenige giebt, werden entweder von dem Modeton hingerissen werden, oder ihrer eignen Empfindung nicht trauen, oder nicht den Muth haben, den Mann zu loben. Aber der elendeste musicalische Luftspringer, der keine Note rein greift, aber zuweilen mit der linken Hand bis zu dem Stege hinaufrennt, komme mit Extrapost vor den besten Gasthof gefahren, kündige sich prahlerisch an, erscheine in sammetnen und seidnen Kleidern, bringe Empfehlungsbriefe von vornehmen Halbkennern an vornehme Halbkenner mit, besuche Diese des Morgens, sage ihnen, wie viel Gutes er von ihren Talenten gehört habe, lasse sich von ihnen etwas auf einem elenden verstimmten Claviere vorrappeln, und rufe dann aus: „bravissimo! Wie glücklich ist „die Kunst, an Ihnen, gnädiger Herr!

„einen so einsichtsvollen, selbst so geschickten „Gönner zu haben!" — o! dann sorge er nicht; er wird (und vorzüglich wenn er etwa eine hübsche Sängerinn bey sich hat) von einer teutschen Stadt zur andern wie der erste Virtuose seines Zeitalters ausposaunt werden, und ganze Säcke voll Ducaten verdienen, die er, so lüderlich wie ihm gefällt und es die Kunst mit sich bringt, verthun kann. Was mich betrifft; so hatte ich diese Rolle herrlich auswendig gelernt, und durch Hülfe meiner Empfehlungsschreiben galt bald in ganz Teutschland der Signor Pedro Clozzetti für den ersten Geiger in Europa — Ich hoffe Sie werden Alle von mir gehört haben — Was soll man machen? Ich hatte mir fest vorgenommen, wie ein ehrlicher, grader Kerl zu handeln; aber der Hunger ist etwas sehr Unangenehmes, und von den Thorheiten der Menschen in solchen Kleinigkeiten Vortheil zu ziehn, das hielt ich nicht für Sünde. Ich componirte meine Violinconcerte selbst, das heisst: ich nahm aus den Werken besserer Tonkünstler die besten Gedanken heraus, verstümmelte dieselben, verbrämte sie mit meinen zwölf bis vierzehn Lieblings-Passagen (die einzigen, die mir geläufig waren); nahm ein altes Gassenlied, schuf es zu einem Rondeau um, oder vielmehr, ich wiederkäuete dasselbe Thema sechs- oder achtmal in verschiednen Modulationen mit Veränderungen, und wenn ich dann durch ein Paar halbe Töne, ohne alle Kunst, wieder zu meinem Haupttone hinunterschlich — ach! da erscholl bey diesem Uebergange ein allgemeines: „bravissimo!" und „superieurement bien!" und „ganz „vortreflich! Welch ein Ausdruck! Welch' „ein Ton! Welche Fertigkeit!"

In Stade erwarb ich mir die Gunst einer artigen bemittelten Witwe, von etwa dreyßig Jahren, welche sehr die Music liebte. Sie ließ mirs nicht undeutlich merken, daß sie es nicht verschworen hätte, zum zweytenmal sich in das sanfte Joch der Ehe zu spannen, wenn sie einen Mann fände, der ihr sonst gefiele, und der zugleich Music verstünde. So groß auch diese Versuchung war, eine solche Entschliessung zu meinem Vortheile zu lenken; so gab mir doch mein guter Genius ein: ich dürfe die Sache nicht weiter treiben, weil ich schon verheyrathet wäre, und ich lehnte also den Antrag ab.

In Lübeck liessen mich, sobald ich mich hatte ankündigen lassen, ein italienischer Tenorist und seine Frau bitten, gemeinschaftliche Sache mit ihnen zu machen, und mit einander unsre Concerte zu geben. Ich gieng hin, die Leute kennen zu lernen; Stellen Sie Sich vor, wie betroffen ich war, als ich in diesem edeln Paare, den berühmten Conte di Tondini und seine keusche würdige Gattinn wiedererkannte; * Es schien aber nicht, als wenn sie sich Meiner erinnerten. Ich empfand in dem ersten Augenblicke einen Trieb diesem betrügerischen Gesindel in die Haare zu fahren, denn auf einmal fiel mir die grausame Behandlung und der teuflische Spott ganz lebhaft wieder ein, mit welchen sie mir einst in dem Hölzchen bey Wolfenbüttel so grausam mitgespielt hatten. Wenn ich aber bedachte, wie wenig meine damalige Denkungsart und Aufführung ein anders Schicksal verdiente; so besänftigte ich mich wieder, dankte dem Himmel, daß ich jetzt ein besserer Mensch war, überließ demselben, sie zu bestrafen, und gieng voll Verachtung von ihnen. Allein ich bekenne es, daß

---

* Man lese das sechste Capitel des ersten Theils.

es

es mir einen neuen Widerwillen gegen die Lebensart beybrachte, welche ich jetzt aus Noth trieb, so oft ich überlegte, daß ich dieselbe in Gemeinschaft mit solchen nichtswürdigen Menschen führte. Ich sehnte mich daher ernstlich nach einer Art von Versorgung, machte nicht gemeinschaftliche Sache mit den Italienern, gab allein zwey Concerte, und reisete dann ab.

Ein redlicher Kaufmann, der auch nebenher ein bischen Kennerschaft und Mäcenatenhandwerk trieb, gab mir einen Brief an den preussischen Gesandten in . . . . mit, und empfahl mich demselben, wie einen in Sprachen, schönen Künsten und Wissenschaften, Music, Malerey und allerley Art nützlicher Geschäfte, besonders im Cameralwesen erfahrnen und geschickten Mann. Woher er wußte, daß ich in diesem allen bewandert wäre, weiß ich nicht. Ich hatte freylich mit ihm zuweilen über solche Gegenstände geredet, aber wovon redet man nicht in der Welt? Im Ganzen kann man nur daraus sehn, wie es gemeiniglich mit Empfehlungen zu gehn pflegt. Genug! es stand also auf dem Papiere, und ich befand mich wohl dabey. Den Gesandten traf ich bey seiner Durchreise in Stettin an; Er schien sogleich Wohlgefallen an meiner Person zu finden, hatte auch vielleicht einige Verbindlichkeit gegen den Kaufmann, der mich ihm empfohl — Kurz! er nahm mich, unter vortheilhaften Bedingungen, als Secretair in seine Dienste.

Zwölftes Capitel.

Clozetti reist mit seinem Herrn Gesandten, sieht die teutschen Höfe, und kömmt an einem derselben zu hohen Ehren.

Mein Herr Gesandter war ein sehr würdiger, rechtschaffner und kluger Mann, gewandt in Geschäften, angenehm im Umgange, kurz! so wie sie der große Friedrich zu wählen weiß. Seine Gemahlinn war nicht weniger liebenswürdig und gut. Beyde verbanden mit dem feinsten Ton der großen Welt den gradesten Character und wahren Adel des Herzens. Auch waren sie an allen kleinen und größern teutschen Höfen sehr wohl angeschrieben, und hatten durch ihr Vorwort mächtigen Einfluß, den sie aber stets zum Guten anwendeten. Sie mischten sich überhaupt nur dann in solche Händel, wenn es zum Beyspiel darauf ankam, einen Redlichen, der (wie es an den kleinen Höfen

hergeht) von irgend einem Kammerdiener
oder dergleichen bey dem Fürsten angeschwärzt
war, zu rechtfertigen, sich Seiner anzunehmen, und der Cabale das Gegengewicht zu
halten. Ich habe einen Fall gesehn, wo
dies edle Paar sich eines durch schändliche
Ränke gestürzten Mannes öffentlich annahm,
zu einer Zeit, wo Dieser von jedermann verlassen, und wurklich aller Schein gegen ihn
war, voll Zuversicht auf die Unschuld dieses
Mannes, wenig bekümmert, was der Hof
dazu sagen würde. Solche großmüthige
Handlungen hätten ihnen die Achtung selbst
von Dem erwerben müssen, der sie vielleicht
ehemals miskannt hätte. Auch geschahe dies;
und selbst der Hof, welcher unzufrieden darüber seyn musste, konnte doch der Festigkeit
und Herzensgüte seine Bewunderung nicht
versagen. Die Leser mögen mir diese kleine
Ausschweifung gütigst verzeyhn. Ich denke
aber, es tröstet und ermuntert den kleinen
Haufen der Bessern, wenn sie sehen, daß
solche Handlungen auch von Menschen in
dieser Welt nicht unbemerkt noch ungeschätzt
bleiben, und wenn der gute Gesandte noch
lebt, von ungefehr in diesem unbedeutenden
Buche blättert, und liest, was ich hier von

ihm gesagt habe, muß es ihn doch freuen; Peter Clausens Lob, wenn es auch nicht sehr wichtig seyn mag, ist doch gewiß unbestechbar — Nun weiter!

Ich reiste mit meinem Gesandten an die teutschen Höfe herum. Gern erspare ich Ihnen aber die Langeweile, welche eine genaue Schildrung derselben Ihnen verursachen würde. Sie werden Sich aus dem ersten Theile meiner Geschichte * noch erinnern, daß ich einst, nebst meinem Freunde Reyerberg, unter dem Namen von Baron Clausfeld und Herr von Falkenthal an diesen Höfen mich umhergetrieben hatte. Das Personale an denselben hatte sich nun freylich indessen sehr verändert, aber im Ganzen waren sie ungefehr noch wie damals zusammengesetzt, und werden auch wohl vorerst noch also bleiben. Allein ich sah nun die Residenz von einer andern Seite; Denn da ich sie diesmal als Secretair besuchte; kam ich in andre Cirkel, und lernte mehr den Ton kennen, der in den Privathäusern herrschte.

---

* Seite 146.

Niemand erkannte mich wieder, selbst nicht in den Städten, wo ich mich vor Zeiten am längsten aufgehalten hatte. So waren wir zum Beyspiel vierzehn Tage lang in Regensburg, wo ich einst als Universalarzt practicirt hatte, und Keiner fand sich ein, der mich wegen meiner ehemaligen Wundercuren zur Rechenschaft gezogen hätte. Zwar hatte ich auch dafür gesorgt, und wenn sich jemand meinen Händen anvertrauete; so richtete ich es in der That immer so ein, daß er von dem Effect der Arzeney, welche ich ihm gab, erst in jener Welt etwas erzählen konnte. Doch versäumte ich nicht, mich nach meiner lieben Witwe Noldmann zu erkundigen. Sie war gleich nach meiner Entweichung krank, und da sie meiner Hülfe beraubt war, von einem andren Freunde ihres seligen Mannes methodisch ins Grab curirt worden. Die Manuscripte, welche noch in ihrem Hause gelegen hatten, waren nun in fremde Hände gerathen, und mir gelang es, einen Theil davon, durch einen sonderbaren Zufall in die meinigen zu bekommen. Würklich besitze ich diesen alchymisch-magischen Schatz noch, und werde vielleicht einmal einen Theil desselben zu Erbauung des Publicums herausgeben.

In Pyrmont brachten wir eine Curzeit zu. Eine Menge Fürsten, Grafen, Gesandte und andre Männer, mit und ohne Ordensbänder kreutzten da durch 'einander. Ein Holländer, der zum erstenmal in seinem Leben aus seinem Vaterlande kam, sahe, daß so viel Menschen da herum giengen, welche Sterne auf der Brust und farbige Bänder um den Hals trugen. Er fand diese Mode hübsch, und meinte, ihm würde so etwas auch nicht übel stehn. Er ließ sich daher einen großen bunten Stern sticken, in welchem sein Wapen und eine lateinische Devise stand, die ihm ein muthwilliger Mensch, den er um Rath gefragt, comisch genug gewählt hatte. Dazu kaufte er sich ein breites Band, und hieng daran eine Schaumünze, die er besaß, und welche auf einen Erbstatthalter geschlagen war. Sie können Sich vorstellen, welch' ein Lerm unter den müßigen Brunnengästen entstand, als er in diesem Aufzuge die Allee besuchte; Doch hatte man alle Mühe, dem guten Manne verständlich zu machen, daß nur Fürsten das Recht hätten, solche Bänder auszutheilen, daß sich dergleichen gar nicht kaufen liesse, sondern nur den verdienstvollsten, weisesten Leuten gegeben würde.

In . . . . erlebte ich eine sonderbare Begebenheit. Eine geheime Gesellschaft von Leuten, die sich mit Geisterbannen abgaben, versammelte sich in einem Hause, neben unsrer Wohnung an. Sie hatten das Haus gemiethet, und trieben ihre Thorheiten in dem Keller desselben. Da sie die Geister mit Worten hervorzurufen hofften (Ein abentheuerlicher Gedanke!) hatten sie gewisse Formeln, welche sie laut riefen, und dabey gab es allerley fürchterliche Anstalten, Klopfen u. d. gl., so daß man von Aussen den Tumult der Leute, welche Alle vermummt in das Haus zu gehn pflegten, aus dem Keller hervorschallen hören konnte. Ein reiches altes Weib, zwischen deren Wohnung und unserm Hotel das Haus lag, fieng an, unruhig über diese Zusammenkünfte zu werden, und glaubte, man wolle bis in ihren Keller durchgraben, um sie zu bestehlen. Eines Abends nun, als die geheime Gesellschaft auch ihr Wesen da unten trieb, zeigte die Nachbarinn den gefährlichen Umstand der Obrigkeit an, und diese schickte einen Policeydiener mit Wache hin. Man bricht das Haus auf, durchsucht die leeren Zimmer, kömmt endlich unten in das Gewölbe; Die versammelten

Männer hören in ihrer Begeisterung nichts; Endlich kömmt der Policeydiener bis an den Ort, wo die Schwärmer sämtlich in einem Kreise stehen — Wer hätte nicht denken sollen, daß hier Jeder aus Schaam über seine Thorheit, sich verkrochen haben würde? — Allein nichts weniger! So weit geht die Verblendung der Leute, daß Diese glaubten, der Mann, welcher hereintrat, sey nicht würklich der Policeydiener, sondern der Satan, der seine Gestalt angenommen hätte. Sie fiengen daher die fürchterlichsten Beschwörungen an, die aber der Policeydiener eben sehr materiel beantworten wollte, als einige der Anwesenden sich enthüllten, da er dann sehr vornehme Männer, zur Schande ihres Kopfes, unter diesen Schwärmern erkannte, welche ihm mit einem guten Trinkgelde die Zunge banden, worauf die ganze Sache so ziemlich verschwiegen blieb.

Ich reiste auf diese Art anderthalb Jahre mit meinem Herrn Gesandten umher, und hatte alle Ursache zufrieden von meinem Zustande zu seyn, nur daß ich mich nicht recht mit dem Haushofmeister vertragen konnte. Er war ein unleidlicher Kerl von Innen und

Aussen; Ein agréable debauché, der täglich seine zwölf Flaschen Wein soff. Der Kopf steckte ihm so zwischen den Schultern, daß er aussah, wie ein Haase, der im Lager sitzt. Phlegmatisch und unentschlossen im höchsten Grade, übereilte er sich fast immer aus übergroßer Bedächtlichkeit. Dabey war er ein Erzschalk, und betrog unsern Herrn, wo er nur konnte. Ich hatte indessen das Glück, einige seiner Schelmereyen zu entdecken, dem Herrn Gesandten davon einen Wink zu geben, (aus Güte des Herzens hatte Dieser immer Geduld mit ihm) und durch bessere genauere Aufsicht jährlich eine ansehnliche Summe zu ersparen. Dabey führte ich seinen Briefwechsel, und war in müßigen Stunden sein Gesellschafter, mußte, wenn wir in und ausser Teutschland reisten, mit ihm in derselben Kutsche sitzen, gieng mit ihm spazieren, las ihm vor, und gewann täglich mehr seine Zuneigung.

Wir waren eben an dem Hofe des Fürsten von . . . . als ein kleiner unbedeutender Vorfall (dergleichen mehrentheils in der Welt zu den Haupt- und Staatsactionen Gelegenheit zu geben pflegt) diesen Fürsten aufmerksam auf meine geringe Person machte. Er war ein junger, großer, breitschultrichter Gesalbter des Herrn, eifriger Liebhaber von aller Art Wohlleben und Gemächlichkeit, übrigens aber gewiß nicht daran Schuld, wenn es in Europa bunt hergieng. Er drückte seine Unterthanen nicht besonders, aber Andre thaten es in seinem Namen; und da das fast auf eins hinausläuft; war würklich das Land in schlechten Umständen. Doch sorgten die Herrn Geheimenräthe dafür, daß der Fürst diesen Mangel bey Tisch und Bette nicht gewahr wurde, und so blieb alles auf dem alten Fuße; Nur daß die treuen Rathgeber von Jahr zu Jahr reicher, und die Unterthanen ärmer wurden. Bey aller Vorsicht nun, welche die Geheimenräthe anwendeten, diese Lage der Sache vor ihrem Sultan zu verbergen; konnte es doch nicht fehlen, daß hie und da, durch unvorsichtig überreichte, nicht früh genug aufgefangne Supliken, der Fürst nicht wäre von mancher Klage über Unterdrückung und Armuth belästigt worden. Nun war er nicht eigentlich böse, sondern vielmehr was man im gemeinen Leben einen guten Mann nennt, das heißt: ein Mann, der kein Schuhwachs speist, nichts Böses thut, wenn er Lust hat zu schlafen, an keiner Unthat Gefallen findet, die seine Ruhe stöhrt, aber auch nichts Gutes unternimt, wozu Anstrengung gehört. Wenn daher solche Klagen häufig eingereicht wurden, und die Leute jammerten und flehten; war der Fürst immer in der größten Verlegenheit. „Aber mein Gott!" sagte er dann: „Was „heißt denn das? Die Leute sind doch nie= „mals ruhig. Herr Geheimerrath! sorgen „Sie doch, daß dieser Mann befriedigt „werde! Er behelligt mich immer, und ich „weiß nicht, wie die Sache zusammenhängt." „Gnädiger Herr!" hieß es dann: „der Kerl „ist ein unruhiger Kopf; Er glaubt, man „hätte sonst nichts zu thun, als immer an „ihn zu denken" u. s. f. Hiermit ließ sich zwar der durchlauchtige Landesvater abspeisen, aber wenn es zu oft kam; pflegte er doch wohl mit dem Kopfe zu schütteln, und zuweilen meinem Herrn Gesandten zu sagen: „Ich „weiß nicht, wie es mit meinen Finanzen „ist; Der Präsident ist ein ehrlicher Mann, „wie ich glaube, aber er muß wohl das Ding „nicht recht verstehn; denn ich mache nicht „mehr Aufwand, wie mein hochseliger Herr „Vater, und doch fehlt es immer in allen „Ecken. Im Preussischen (ja! das muß man

„ihnen lassen) verstehn sie besser damit umzu-
„gehn. Ich wollte, ich könnte gelegentlich
„einmal so einen Mann, einen Rath, oder
„so etwas, aus dem Preussischen bekommen,
„der mir das Ding in Ordnung brächte."
Der Gesandte antwortete selten etwas darauf,
bis endlich ein kleiner Vorfall, wie ich vorher
gesagt habe, Gelegenheit gab, daß der Fürst
ein aufmerksames Auge auf mich warf.

Es hatte nämlich der gnädige Herr eine
Maitresse, die ehemals Tänzerinn gewesen
war, bey welcher er die Nachmittagsstunden
hinzubringen pflegte. Sie war ein gather-
ziges, lustiges Geschöpf, mischte sich in keine
Staatshändel, und sorgte nur für ihren
Geldbeutel. Deswegen war sie von allen
Partheyen als unschädlich in Ruhe gelassen
worden, bis endlich der erste Minister, ein
gewisser Herr von Mehlfeld, mit ihr wegen
einer Kutsche in Streit gerieth, welche Beyde
kaufen wollten, bey welcher Gelegenheit aber
der Minister nachgeben muſste. Verschiedne
grobe Ausdrücke über die Maitresse, die sich
Derselbe darauf gegen die Domestiken erlaubt,
und welche sie wiedererfahren hatte, verstimmten Beyde sehr gegeneinander, und man fieng

an, von beyden Theilen Minen zu legen. Gewiß würde die Dame, welche im Grunde wenig Weiberlist besaß, und nur bis itzt eine Eristenz aus Zulassung gehabt hatte, den Kürzesten gezogen haben, wenn nicht ein dritter Mann dazwischen gekommen wäre, und dieser dritte Mann war ich.

Ich besaß zu der Zeit einen kleinen bologneser Hund, der in der That in seiner häßlichen Gattung ein schönes Thier war. Wenn ich spazieren gieng; pflegte ich ihn mitzunehmen, und da geschähe es, daß, wenn ich vor dem Hause der Madam Novanelle vorbeykam, und diese grade am Fenster stand, sie ihr Kammermädchen herbeyrief, und mit den fröhlichsten Zeichen der Bewundrung dem kleinen Thierchen nachsah.

Einst, als ich im herrschaftlichen Garten mit meinem Hündchen wandelte, begegnete mir die Maitresse. Sie blieb stehn, redete mich an, lockte meinen Lindor zu sich, wurde von ihm geliebkost, und ich merkte wohl, daß ich nicht übel thun würde, wenn ich ihr ein Geschenk mit diesem Thiere machte. Nun bin ich von jeher sehr galant gegen das schöne Geschlecht gewesen, folglich war ich auch hier nicht saumselig: „Madam!" sagte ich: „wenn Ihnen dies Hündchen gefällt; „so darf ich diese Gelegenheit nicht vorbey „lassen, für sein und seines Herrn Glück zu „sorgen. Wollen Sie meinen Lindor in ihre „Dienste nehmen; so ist einer von uns ver „sorgt, und vielleicht giebt Ihnen das Gele „genheit, auch einmal an den Andern zu „denken." Sie nahm mein Geschenk mit sichtbarer Freude an; allein daran dachte ich nicht, daß dasjenige, was ich hier von meiner Versorgung gesagt hatte, etwas mehr wie ein leeres Compliment seyn sollte; Madam Fortuna hatte es aber anders beschlossen.

Wenig Tage nachher empfahl mir der Herr Gesandte, aus Ursachen, die mein künftiges Glück beträfen, fleißig Bücher über Cameralwissenschaften zu lesen. Er schlug mir die unschädlichsten vor, und ich folgte seinem Befehle, ohne die Ursache zu ergründen.

So vergiengen etwa vier Wochen, binnen welcher Zeit ich so viel Zeug im ökonomischen und politischen Fache gelesen hatte, daß ich mit der Ausführung desselben zehn Länder hätte in Verwirrung bringen können, als mein gütiger Herr mir endlich seinen Plan für mich eröfnete. Es hatte nämlich die Maitresse, bey Gelegenheit meines Hundes, dem Fürsten sehr viel Gutes von meiner Person gesagt. Dieser, welcher, wie wir gehört haben, längst gern einen Mann aus dem preussischen Dienste in die seinigen berufen hätte, wurde dadurch aufmerksam gemacht. Er redete mit dem Gesandten von mir, und der gab mir das beste Zeugniß. Sobald mein Gönner merkte, daß Se. Durchlaucht mich in ihre Dienste zu haben wünschte, rieth er mir an, mich auf das Cameralwesen ernstlich zu legen, und zugleich reizte er, auf eine feine Art, immer mehr die Begierde des Prinzen, meine persönliche Bekanntschaft zu machen. Als er aber merkte, daß es jetzt Zeit wäre, wurde ich endlich dem Herrn vorgestellt, redete mit ihm, zwischen Wachen und Träumen, einigemal über Finanzen und Oeconomie, und bekam, da ich an nichts weniger dachte, eines Morgens das Rescript als würklicher Cammerrath zugeschickt.

Die Privatrache der Maitresse hatte dafür gesorgt, daß der Herr Präsident von Mehlfeld
bey

bey diesem Schritte weder um Rath gefragt, noch davon unterrichtet worden war, und so bekam er sehr unerwartet einen Mann in sein Collegium eingeschoben, und einen Befehl, demselben den Gehalt auszahlen zu lassen.

Dem Herrn von Mehlfeld mußte freylich dieser Umstand empfindlich seyn; Allein er war fein genug, sich zu verstellen. Einen größern Heuchler habe ich nie gesehen. Immer hatte er die christliche Religion im Munde, war aber sehr weit von Ausübung der christlichen Moral entfernt. Als ich mich bey ihm meldete, empfieng er mich mit demüthiger Güte, versicherte: Er habe Gott gestern auf den Knien gedankt, daß er ihm einen so würdigen und frommen Mann, wie ich zu seyn schiene, zu Erleichterung seiner schweren Last, zugeschickt habe, empfehle sich meiner Gewogenheit und meiner Fürbitte, und bäte mich, mit seinen Fehlern, die jeder Christ zu bekennen sich nicht schämen dürfe, brüderlich Geduld zu haben.

Als ich dies meinem Herrn Gesandten erzählte, warnete er mich vor diesem Schalk, und hätte ich seinem Rathe gefolgt, da er die

Höfe aus Erfahrung kannte; würde ich gewiß nie erlebt haben, was mir nachher begegnete. Aber ich war nicht so glücklich, lange seine Zurechtweisung zu genieſſen, denn ehe noch ein halbes Jahr nach meinem Eintritt in diese Dienste verstrichen war, wurde er aus Teutschland abgerufen, und bekam einen wichtigern Gesandtschaftsposten.

Dreyzehntes Capitel.

Signor Clozetti macht herrliche Fortschritte im bürgerlichen Leben, wird mit einem Adelsbriefe versehn, und dirigirt die Finanzen.

Ich war nunmehr mir selbst überlassen, erinnerte mich zwar oft der Lehren, welche mir mein Wohlthäter gegeben hatte, kam aber in so manche verwickelte unvorhergesehene Lagen, daß ich mir mehrentheils mit meiner eignen Vernunft helfen mußte, so gut ich konnte. Wozu nützt aber aller Mutterwitz, auf dem stürmischen Ocean der großen Welt, wenn nicht der sichre Compaß der Erfahrung unsre Fahrt leitet?

Die Leser erinnern sich, daß ich Ihnen gesagt habe, die Finanzen des Fürsten seyen in schlechten Umständen gewesen. Es ließ sich voraussehn, daß früh oder spät der Herr Präsident von Mehlfeld desfalls, wenn nicht Verantwortung, doch Verdruß haben würde.

Was konnte ihm also willkommner seyn, als grade in dieser Crisis einen Deus ex machina erscheinen zu sehn, der ihm aus dieser Verlegenheit hülfe. Es kam nur darauf an, mich, der ich vom Finanzwesen nichts verstand, als was ich aus des Herrn von Justi und andern Schriften gelernt hatte, so in dies Fach zu verwickeln, daß ich freye Hand bekäme, neue Plane zu machen. Wenn diese dann nicht glückten, wie es gewöhnlich mit den Planen zu geschehn pflegt, die man, ohne Kenntniß des Landes, aus Büchern schöpft: fiel hernach die ganze Schuld von Unordnung der Geschäfte und Armuth des Landes auf den neuen Finanzier, und der alte Minister erschien in neuem Lichte, konnte, rein von aller Schuld, seine Rolle von obenher wieder anfangen.

Diesem Entwurfe gemäß ertrug Mehlfeld mit der größten Geduld den Verdruß, sich ohne sein Wissen einen Cammerrath aufgedrungen zu sehn, und nahm nicht seinen Abschied, wie man gehofft hatte. Da nun der Fürst, welcher nicht das Herz hatte, einen Mann ernstlich anzugreifen, sobald er den Schritt that, mich in seine Dienste zu nehmen, dem Präsidenten doppelt höflich begegnete; fieng der schlaue Fuchs an, bey jeder Gelegenheit die Kenntniſſe des neuen Cammerraths bis in den Himmel zu erheben. Dabey affectirte er, kränklich zu werden, und ließ die kitzlichſten Geſchäfte, wobey am mehrſten Verantwortung zu tragen war, liegen, damit zuweilen Klage entſtünde, wovon dann immer die Folge war, daß man ihm mit aller Schonung den Vorſchlag that, ſeinem neuen Gehülfen dieſe Dinge, zu Erleichterung ſeiner Arbeit, zu übergeben. Auf dieſe Art hatte er bald alle Gefahr auf mich geladen, da ich theils zu thätig, um irgend eine Arbeit von mir zu weiſen, theils zu wenig mit dem Gange der Geſchäfte bekannt war, um, ehe ich dergleichen übernahm, mir vorher vollkommnes Licht über die Lage der Sache zu verſchaffen und mich auſſer Verantwortung zu ſetzen.

Indeſſen hatte ich mehr Glück wie Verſtand, und manches gerieth mir beſſer, wie mein Feind erwarten konnte. Ich brachte an einem Salzwerke eine Maſchiene an, welche ich nur im Aufriß geſehn hatte, die aber herrliche Würkung that und dem Fürsten eine ansehnliche Ersparung verschaffte.

Nun schien es aber dem Herrn von Mehlfeld Zeit zu seyn, seinen Kopf gänzlich aus der Schlinge zu ziehn, und zugleich den Neid der übrigen Dienerschaft seinem Gegner auf den Hals zu laden. Zu diesem Endzwecke mußten Kammerdiener und andre Menschen von der Art dem Fürsten den Anschlag an die Hand geben, den Herrn Cammerrath Clozetti zum Cammerdirector zu machen, den Präsidenten von Mehlfeld aber, mit Beybehaltung seines Gehalts, in Ruhe zu setzen. Dies geschahe dann, als ich kaum sieben viertel Jahre bey der Cammer gedient hatte, und alle alte Räthe schüttelten die Köpfe darüber.

Allein noch etwas fehlte zu dem Plane, etwas, das zugleich Adel und Bürgerschaft gegen mich aufbringen sollte, und dies Etwas war ein Adelsbrief. Der Fürst war so sehr von meinen Verdiensten eingenommen, daß es keine Mühe kostete, ihn zu bewegen, mir ein solches Ding zu kaufen, und ich war Narr genug, der Eitelkeit nicht wiederstehn zu können, es anzunehmen.

Es wurde daher von dem Kaiser ein Adels=
brief für mich verschrieben. Ich stellte mich,
als wüßte ich nichts davon, und da erschien
dann auf einmal ein großes Buch, in Sammt
eingebunden, an welchem ein kaiserliches Siegel
von Metall hieng. In diesem Documente
war der Herr Cammerdirector Clozetti, sowohl
wegen seiner persönlichen Vorzüge, als wegen
der treuen Dienste, die seine Vorfahren im
Kriege dem teutschen Reiche geleistet hätten,
in den Reichs=Adelstand erhoben, und ihm
der Name Claus von Clausbach gegeben,
dabey demselben ein Petschaft ertheilt, beste=
hend in einem von oben hinunter getheilten,
halb weissen halb rothen Schilde, und sowohl
in diesem Schilde als oben auf dem Helm
ein schwarzer Bäre mit einem Schwerdte in
der Hand zu sehn.

Was die Tapferkeit meiner Vorfahren
betraf; so wußte ich mich eigentlich auf
nichts weiter zu besinnen (denn mein Vater
war, wie bekannt, Schuster gewesen) als
daß mein Oheim väterlicher Seits in der
Bataille bey Rößbach als Corporal bey der
Reichsarmee gedient hatte, nach derselben
aber vermißt worden war.

www.ingramcontent.com/pod-product-compliance
Lightning Source LLC
Chambersburg PA
CBHW020810230426
43666CB00007B/952